KB054705

차이나 리스크 리포트

진격의 중국, 견제하는 미국, 방황 속의 한국

차이나 리스크 리포트

김경종 지음

매일경제신문사

프롤로그

이 책의 기본관점은 다음과 같다.

하나, '평화주의자'의 관점이다.

국제사회를 보는 눈은 크게 '힘'을 중시하여 무력으로 다른 국가를 굴복시키려는 '전쟁론자'와 '평화'를 중시하여 대화와 타협으로 국제사회의 문제를 풀어나가는 '평화주의자'로 나눌 수 있다.

전쟁론자는 국제정치학에서 현실주의자Realist라고 불린다. 현실주의자는 국제관계에서 질서를 유지하는 것은 강대국의 힘이라고 주장한다. 군사력과 경제력 등이 가장 강한 국가가 전 세계를 자신의 의지대로 이끌어가며, 중소국가들은 강대국의 사고나 주장을 받아들이거나 거부하는 것 중 하나를 선택해야 한다. 중소국가가 거부

할 경우 강대국은 종종 전쟁이라는 수단을 사용하여 굴복시킨다.

평화주의자는 국제정치학에서는 이상주의자 또는 규범론자라고 불린다. 규범주의자들은 국제조약이나 합의와 같은 국제규범에 의해 세계가 평화롭게 같이 살 수 있다고 주장한다. 모든 국가가 서로의 약속하에 국제규범을 만들고 그것을 따르면 전쟁 없는 세상이 가능하다고 주장한다. 따라서 강대국이 세계를 이끄는 것은 세계인이 합의한 국제규정을 근거로 충분히 가능한 일이며, 군사력과 같은 물리적 힘은 최소한으로 불가피한 경우에만 사용해야 한다고 주장한다.

필자는 평화주의자다. 국가 간의 평화 유지가 최우선 과제이고, 국가 간의 관계도 '힘'보다는 '평화'를 기준으로 형성되어야 한다고 생각한다.

제1, 2차 세계대전을 통한 전쟁의 참혹함을 겪고 나서 세계는 평화주의를 새로운 국제질서의 원칙으로 채택하였다. 한국의 경우에는 6·25 전쟁을 직접 겪고 나서 평화와 안정이 최우선이라는 것을 깨닫게 되었다.

상대 국가를 힘으로 굴복시키려는 현실주의자들의 관점은 매우 위험하다고 생각한다. 특히 한국에서 힘으로 북한을 이기려는 관점은 한반도의 긴장을 높이고 전쟁발발의 위험성을 높이기에 절대적으로 반대한다. 한국이 전쟁을 억제할 수 있는 군사력을 유지하는 것은 찬성하지만, 전쟁으로 통일을 이룰 수 있다는 관점은 반대한다. 대의를 위한 전쟁일지라도 따르는 희생이 너무 크다. 아직까지도 남북이산가족의 상처를 가지고 있는 우리로서는 새로운 전쟁 발발 시 그동안 이룩한 경제발전의 성과가 물거품이 되는 것뿐만 아니라, 수백만 명의 인명피해가 생긴다.

따라서 한국은 평화 유지를 최우선 기준으로 삼아야 하고, 나아가 평화통일을 위한 노력도 계속해야만 한다. 시간이 걸리더라도 평화통일을 이룩할 수 있는 방안을 찾아야지, 당장 길이 보이지 않는다고 무력통일을 주장해서는 안 된다. 또한 남북관계의 긴장을 높이는 정책을 주장하는 사람들은 전쟁주의자일 가능성이 매우 높다. 군사력을 강화하고 남북관계의 긴장이 높아지면 결과적으로 전쟁이 일어날 확률이 더 높아진다. 평화를 유지하기 위해서는 남북관계에서 전쟁이 일어나지 않을 정도의 군사력을 유지하면 된다. 무력으로 통일할 수 있는 군사력을 유지해야 한다고 주장하는 사람은 평화주의자가 아닌 전쟁주의자로 볼 수 있다.

둘, '반反 엘리트주의자'의 관점이다.

소수 엘리트가 정책방향을 결정하는 현행 체제는 큰 희생이 따른다. 한 민족이나 국가가 어디로 갈 것인지는 국민의 합의를 통하여 결정해야 한다. 모든 국민이 원하는 방향이 국가가 나아가야 할 방향이다. 지금까지 소수의 엘리트가 국가의 방향을 정하고 국민이 이를 따르던 식으로 국가가 운영되었다.

한국이 경재개발을 할 때나 민주화를 추진할 때에는 국민이 성숙하지 않았기 때문에 소수의 엘리트가 한국을 이끌었다. 그 과정에서 많은 국민들의 희생이 있었다.

첫째, 경제발전시대에서는 노동자와 농민의 큰 희생이 있었다. 소수의 경제 엘리트들이 경제발전에 따른 불가피한 희생이라고 말을 했지만 작은 희생은 아니었다. 또한 정치적 탄압도 매우 커서 분배를 강조하던 민주 인사들이 많이 희생되었다.

둘째, 민주화를 달성하면서 다시 한 번 보복이 있었다. 기존의 기득권이나 성공한 기업들에 대한 처벌 내지 응징이 있었다. 한국 경제에 큰 공헌을 한 사람들도 '권력형 기업'으로 분류되었고 재벌이 해체되면서 한국뿐만 아니라, 세계에 쌓아났던 모든 노력까지도 물거품이 되었다. 한 개인을 희생시키면서 그에 따른 그룹도 해체되어 같이 일을 해왔던 수많은 국민들도 희생되었다.

셋째, IMF 사태를 극복하는 과정에서 전 국민적 '금 모으기 운동'을 실시하였다. 그 결과 IMF 사태는 극복하였지만, 극복의 과정에서 기업들의 M&A 등 대규모 구조조정이 추진되면서 수많은 사람들이 실업자가 되었다. 또한 부실채권을 국민이 부담하게 되었는데, 기업가의 잘못에 따른 폐해를 국민의 세금으로 충당한 것이다.

국가의 주권은 국민에게 있다. 소수의 엘리트는 '대의를 위하여 소수의 희생이 필요하다'고 주장하지만 국민의 관점에서 보면 '소수의 희생'이 아니라 '다수의 희생'이다. 따라서 국민의 희생이 따르는 의사결정은 국민적 토론과 설득을 통해 결정되어야 한다.

국민에게 국가의 주권이 있기 때문에 각 국가는 그나마 국민들이 선택하고 합의한 대로 운영된다. 따라서 국가가 다르면 가치관과 행동도 다른 게 정상이다.

자본주의가 전 세계의 기본 원칙으로 자리 잡았지만 운영방식은 국가마다 조금씩 차이가 있다. 미국은 개인의 창의에 따른 개인 부담을 더 중시하지만 독일의 경우 주주, 종업원, 협력회사의 공동 이익을 강조한다. 북구의 경우에는 전 국민이 노후에 편하게 살 수 있도록 젊어서 일할 때 높은 세금을 부과한다.

국가의 가치관도 다소 차이가 있다. 중국은 집단과 국가에 우선순위를 두고 있으나, 미국은 개인의 인권보장에 더 높은 가치를 둔다. 유럽이나 중남미의 경우 축구에 대한 열정이 강하여 많은 돈이 축구에 집중되나, 한국의 경우 자녀교육에 많은 돈이 집중된다.

그 나라 국민이 선택하고 결정하면 그것이 맞는 것이지, 어느 것이 더 옳다고 주장할 수는 없다. 국민이 선택한 것이 그 나라에서는 맞는 일이고 공평한 것이다. 필자는 이것을 '국가주권은 국민에게 있다'라고 표현한 것이다.

어떤 것을 선택하더라도 항상 이익 보는 사람이 있고, 손해 보는 사람도 있다. 누구의 이익을 더 중시할 것인가는 국민이 합의를 통해서 도출하면 되는 것이지, 다른 나라가 일방적으로 강요해서는 안 되고 더욱이 틀렸다고 말하는 것은 말도 안 되는 사고다.

한국에게 중요한 정책의 결정은 한국의 국민이 결정해야 한다. 소수의 엘리트가 결정을 하면, 그 정책으로 인해 피해를 보는 사람들의 반발이 생기고 그들에게 희생을 요구하게 되는 것이다. 소수의 엘리트가 정책을 결정할 수밖에 없는 상황이 와도 국민의 큰 희생이 따르는 사항은 반드시 공개토론을 통하여 국민들의 자발적인 합의를 통하여 결정해야 한다. 그리고 국민의 경우 국가의 주인이라는 점을 명심해야 한다. 중요한 국가정책에 대해서는 의견을 피력하고 토론을 통하여 일정한 합의에 도달하는 과정에 참여해야, 국민으로서 진정한 역할을 하는 것이다.

셋, '한국인'의 관점이다.

진정한 한국인이란 어떤 걸까? 한국에서 돈을 벌면서 힘들면 한국을 떠나겠다고 말하는 사람은 한국인이 아니다. 한국에서 태어나 고생만 하고 있으니, 다른 선진국에서 태어났으면 좋았을 거라고 말하는 사람도 진정한 한국인은 아니다. 한국이 싫어서 국적을 바꾼 사람은 한민족이라고 할 수는 있으나 한국인은 아니다. 한국에서 전쟁의 발발 가능성을 높이는 방향의 정책을 지지하는 사람들도 진정한 한국인이 아니다.

진정한 한국인이란, 한국에서 태어나서 힘이 들거나 편하게 살거나에 상관없이 한국이 더욱 더 잘 되고, 더 많은 한국인들이 더 잘 살기를 바라면서 열심히 살아가는 사람이다. 잘 살아도 한국에서 살고, 힘들어도 한국에서 견디는 사람이 진정한 한국인이다. 한국인의 생명을 최우선으로 생각하는 사람이 진정한 한국인이다.

모든 나라는 자국의 관점에서 정책을 선택한다. 미국인은 미국의 관점에서 선택하고, 중국인은 중국의 관점에서 선택하고, 일본인은 일본의 관점에서 정책을 선택을 한다.

한국인은 한국의 관점에서 정책방향을 선택해야 한다. 미국이나 중국의 관점에서 설명하면서 그것이 한국에 제일 유리한 방향이니 한국이 그 나라를 따르는 것이 좋다고 말하는 사람은 한국과 한국인의 자유의지를 무시하는 것이다. 한국의 정책이나 방향은 한국 사람이 한국의 관점에서 최선의 대안을 찾아서 결정해야 한다. 다른 강대국의 의지대로 선택하는 것은 한국인이라는 것을 포기하는 것과 같다.

북한과의 문제도 쉽게 해결되지 않고, 강대국들이 서로 자기 나라에 유리한 결정을 한국에게 선택하라고 말하는 지금, 한국은 매우 힘든 상황에 놓여 있다.

어떤 사람은 조선 말기와 같은 상황이라고 말하기도 하지만 이 생각은 받아들일 수 없다. 조선 말기는 한국의 국력이 약한 상태였지만, 현재의 한국은 세계경제 11위 국가다. 50년 이상 경제를 발전시키는 과정에서 많은 지식과 경험을 쌓았으며, 전 세계 국가들과도 훌륭한 네트워크를 구축하고 있다. 또한, 민주화 과정에서 국민의 의식수준도 매우 높아졌다. 어떻게 지금의 우리가 조선 말기와 같은가?

　한국은 한국의 방향을 스스로 선택할 수 있는 국가로 성장했다. 현재를 조선 말기로 비유하는 것은 우리가 가진 역량을 스스로 무시하고 힘이 없다고 생각하는 패배주의적 사고일 뿐이다. 한국은 스스로 선택할 수 있는 나라이지, 조선 말기처럼 힘없는 나라는 더 이상 아니다.

　남과 북이 나누어진 채로 70년이 지났다. 한반도가 통일되지 않고 있으니, 한반도의 분단을 활용해 강대국들이 한국을 자국에게 유리하게 이끌려고 하니 힘든 것이다. 우리가 우리의 힘을 믿지 않고 다른 나라에게 기대어 편하게 살려고 하니 힘든 것이다. 스스로 바른 길을 찾고 선택하면서 나아가야, 강대국들이 한국을 이용하지 못한다. 한국의 길은 한국인이 찾아야 한다.

이 책을 쓰는 목적은 다음과 같다!

① 미국과 중국이 친구가 되어야 한다.
② 한국은 평화안정이 최우선 목표이고, 한반도에서의 전쟁은 절대적으로 반대한다.
③ 나아가 한반도의 평화통일이라는 목표를 지금부터 준비해야 한다. 무력에 의한 통일은 반대한다.

미국과 중국은 친구가 되어야 한다. 지금까지 논의되고 있는 차이나 리스크는 진정한 리스크가 아니다. 진정한 차이나 리스크에 대하여 전 세계는 토의를 새로 시작해야 한다.

한국은 스스로 좋은 선택해야 한다. 차이나 리스크에 대한 앵무새 같은 거짓토론을 그만두고, 진정한 한국의 위험(코리아 리스크)에 대해 먼저 토론해야 한다. 한국을 위한 최선의 선택은 평화주의라고 필자는 생각한다. 한국에서 진정한 토론이 시작되어야 한다.

한반도의 평화통일을 위해서 나아가야 한다. 지금 길이 보이지 않아도 성급하게 무력통일을 택하면 안 된다는 것이 필자의 생각이다. 이에 대한 토론의 화두로서 이 책을 쓰는 것이지, 필자의 의견이 전부다 맞다고 주장하는 것은 아니다. 필자의 목표는 토론을 통해 한국이 나아가야 할 방향을 찾는 것이다.

중국에 대한 이해를 더 높여야 한다. 중국에 대한 피상적인 이해에서 벗어나, 한국인의 눈으로 중국을 객관적으로 이해하려는 노력이 필요하다. 한국에는 미국과 일본을 제대로 이해하는 사람은 많으나, 중국을 제대로 이해하는 사람이 너무 부족하다.

중국의 급부상을 미국이 견제하고 있는 지금, 한국은 길을 찾지 못하고 방황하고 있다. 국민들은 먹고살기 바빠, 가족과 국가도 잊어버리고 산다. 한국의 엘리트들은 국민적 합의를 도출하지 못하자 외세의 힘을 빌려서 나아가려고 하고 있다.

이제는 국민이 새로 태어나야 한다. 국가의 주인은 국민이라는 것을 되새기며 한반도의 평화통일이라는 과제를 풀어나가야 한다. 국민의 합의를 통해서 평화통일에 대한 강한 의지를 가지고 급변하는 국제 정세 속에서 기회를 잡아야 한다.

우리 시대에 한반도를 통일하는 것이 우리 모두의 소명召命이다.

프롤로그   004

1부
중국, 새로운
스타일의 강대국

019 CHAPTER 1 중국, G2로 부상하다
027 CHAPTER 2 중국은 '중국식'으로 발전한다
051 CHAPTER 3 초강대국 미국과 중국

2부
차이나 리스크의
실체

069 CHAPTER 1 가짜 차이나 리스크의 부상
091 CHAPTER 2 진정한 차이나 리스크
109 CHAPTER 3 세계가 나아가야 할 방향

CONTENTS

3부

**방황 속의 한국,
길을 찾아라**

135 CHAPTER 1 중국에 대한 '거짓토론'은
                이제 그만!

159 CHAPTER 2 한국을 위한 '진짜토론'을
                시작하라

4부

**차이나 리스크를
넘어서**

177 CHAPTER 1 자주독립국가 한국

187 CHAPTER 2 세계에 선포하는 한국의 선택

195 CHAPTER 3 중국에 대한 한국의 자세

부록

**중국에서 이렇게
사업하라**

205 CHAPTER 1 중국에서 비즈니스를
                성공하는 법

241 CHAPTER 2 중국인과 비즈니스할 때 알면
                유용한 33가지 팁

1부

중국,
새로운 스타일의 강대국

1. 중국, G2로 부상하다
2. 중국은 '중국식'으로 발전한다
3. 초강대국 미국과 중국

중국, G2로 부상하다

중국의 기적 G2

1978년 덩샤오핑에 의해 개혁개방 정책을 추진한 이후, 중국의 경제는 급속도로 성장했다. 개혁개방 후 34년간 연평균 9.8%의 성장률을 보이면서 미국에 이은 세계 2위의 경제대국, 세계 1위의 수출대국, 3조 달러 이상을 보유한 세계 1위의 외환보유국이 되었다. 2011년에 명실상부한 'G2Group of Two'가 된 것이다.

마오쩌둥 시대에는 내수에 의존하여 매년 4~5%의 성장을 기록하였으나, 개혁개방 이후 외자기업의 유치를 통해 9.8%의 높은 경제성장률을 달성했다. 영국이 산업혁명 시기에 연 2% 성장, 고도성장 시기에 미국이 연 4.2% 성장, 일본의 경우 9.3% 성장했던 것에 비하면 '중국의 기적'이라고도 할 수 있다. 중국이 G2가 된 것은 중국의 노력도 있었지만 2008~2009년 선진국의 금융위기도 큰 요인이었다. 미국을 비롯한 선진국들이 금융대출의 확대로 부동산 개발을 주도하였으나 버블이 꺼지면서 스스로 가라앉은 점도 무시하지 못할 변수였다.

G2가 되었으니 국제사회에서의 역할을 잘 수행해야 한다는 주장에 대해서 중국은 아직 개발도상국이라서 국내 경제발전에 더 집중해야 한다고 말한다. 사실 중국은 G2가 되었지만 2014년 기준 1인당 GDP는 7,485달러 수준에 불과하니 개발도상국인 셈이다.

중국의 경우, 개발도상국이면서 강대국인 세계 역사상 찾아보기 힘든 나라다. 또한 서구식 자유민주주의가 아닌 중국의 정치체제를 유지하면서도 자본주의 시장경제로 경제발전을 이룩하고 있다는 점에서도 특이한 나라다. 경제발전은 자유민주화와 같이 성장한다는 일반적인 관념을 깬 것이다. 이러한 특성을 가진 대국이기에 서구 선진국들은 중국에 대하여 우려와 근심을 가지면서 계속 주시하고 있는 것이다.

서구와 또 다른 차이는 중국은 '대륙국가'라는 것이다. 영국이나 일본의 경우 섬나라인 해양국가라고 볼 수 있다. 한편 미국은 북미 대륙의 대부분을 차지하는 국가지만 국경선에는 캐나다와 멕시코만 인접해 있다. 따라서 대륙에 있지만 사실상 세계적인 경영을 통하여 성장하려는 '해양국가'라고 볼 수 있다. 그러다 보니 서구 선진국과 중국 사이에는 여러 가지 차이가 있다. 미국이 태평양을 중심으로 APEC~Asia Pacific Economic Cooperation~, TPP~Trans-Pacific Partnership~를 주도하고 있다면, 중국은 유라시아 대륙의 횡단열차 등 실크로드를 주도하고 있다. 또한 아시아의 최강국으로서 아세안~ASEAN, Association of Southeast Asian Nations~과의 FTA 체결 등 주변국과의 관계를 강화하고 있다. 중국과 달리 미국의 경우 주변국보다는 다른 대륙의 국가와의 관계를 중요시하면서 세계의 리더로서 활동하고 있는 것이다.

G1을 꿈꾸는 중국

중국의 지속적인 성장에 대해 많은 논쟁이 있지만, 성장을 계속하여 2020~2030년 사이에 국내총생산인 GDP가 미국을 능가하여 세계 1위가 될 것이라는 전망이 대세다. 선진국은 2~3%의 경제성장을 가정하고 중국을 6~7%의 경제성장을 가정하여 보수적으로 전망하여도 2030년에는 중국의 GDP가 세계 1위가 되는 것이다. 연 7%의 성장만 해도 10년 뒤에 중국의 GDP는 현재의 두 배가 된다.

경제성장을 계속 할 수 있느냐를 판단하는 주요 지표 중 하나로 '도시화율'을 들 수 있다. 도시화율이 높아질 가능성이 있는가를 보는 것으로 내수에 의한 성장가능성을 판단하는 것이다. 중국의 경우 2010년 도시화율이 50%이기 때문에 보수적으로 잡아도

2020년에 60%까지는 높아질 것으로 보인다. 앞으로도 10년간 2억 명 정도의 농촌인구가 도시로 추가로 이동할 때까지는 중국의 경제가 계속해서 발전한다고 보는 것이다.

위안화도 큰 변수다. GDP는 달러로 환산한 금액이기 때문에 위안화가 달러에 강세를 보인다면 'G1'이 되는 시기가 5~7년 정도 앞당겨질 수도 있다. 또한 중국의 국내 물가만 올라도 중국의 GDP는 상승한다.

일부 비평가들은 중국 경제가 계속 발전하지 못할 것이라는 이유로 민주화에 따른 갈등의 증폭을 말한다. 즉 경제가 발전하고 국민소득이 높아지면 정치적 자유에 대한 요구가 생기면서 새로운 한계에 도달한다는 것이다. 그러나 대부분의 전문가는 지금과 같이 강력한 국가주도의 정치가 적어도 향후 20년간은 안정적일 것으로 판단한다.

그렇다고 그 이후에 혼란이 올 것이라고 보지는 않고, 그때 가서 다시 판단해야 한다는 관점이 대세다. 오히려 선진국들이 향후 20년간 지금과 같은 체제를 유지하지 못할 가능성이 더 높다고 보기도 한다. 재정적자와 무역경쟁력 상실 등으로 선진국이 중국보다 획기적인 변화를 보일 가능성이 더 높다고 평가하는 사람도 있다. 결론적으로 중국의 공산당은 현재 국민의 지지를 받고 있고, 중국 정부는 사회를 안정적으로 계속 관리할 것으로 보이기 때문에 중국의 경제정책은 일관성 있게 추진될 것이며, 경제성장도 지속될 것이라 볼 수 있다.

세계 최대의 인구와 국토

중국의 수도는 베이징이다. 면적은 1만 6,800㎢로서 서울(605㎢)의 28배 규모다. 베이징하면 스모그나 황사가 떠오르는 데 확실히 베이징의 공기는 서울보다 안 좋다. 베이징은 14억 명의 중국인이 살고 싶어 하는 중국의 수도다. 수많은 중국 젊은이들이 베이징에 있는 대학을 졸업하고 나서 베이징에서 근무하고 싶어 하나, 취직이 힘들어 다시 출신 성省으로 돌아간다.

중국의 면적은 959만 6,960㎢이다. 러시아, 캐나다, 미국 다음으로 세계 4위의 면적을 가졌으며, 알래스카를 제외한 미국의 본토보다 크다. 브라질이 중국 영토의 90%, 호주가 80%, 인도의 경우는 중국의 ⅓에 불과하다. 한반도 면적이 약 22만㎢이므로 43배, 한국의 97배 규모다. 많은 중국인들이 외국인을 만날 경우 출신 국가의 면적을 물어보곤 한다. 면적을 듣고 나서 중국의 어느 성 정도 되는지를 판단하려는 습관 때문이다. 한국의 면적을 말해주면 대개 "산둥성 정도 되는구나"라고 혼자 중얼거린다.

중국의 국토는 남북으로 5,500㎞, 동서로는 5,200㎞다. 남으로는 난사군도(23°N)에서 북으로 헤이룽강(53°)까지 아열대 기후에서 한대 기후까지 공존한다. 서로는 파미르고원(73°E)에서 동으로 우수리강(135°E)까지 4개의 시간대가 가능하다. 한국은 일본의 도쿄 135° 기준 시간을 사용하지만 중국은 120°의 베이징 시간을 사용한다. 미국과 달리 중국의 시간대는 하나로 정해져 있으며 각 성별로 출퇴근 시간을 자율적으로 조정할 수 있다. 따라서 베이징과 홍콩은 서로 같은 시간대를 쓴다.

중국의 인구는 2012년 기준 13억 5,400만 명이다. 여기에 대만 2,330만 명, 홍콩 717만 명, 마카오 58만 명을 더하면 13억 8,500만 명이다. 전 세계 인구의 20%를 차지한다. 성별로는 남자는 6억 8,685만 명, 여자는 6억 5,287만 명이다. 도시인구가 6억 6,557만 명이고 농촌인구는 6억 7,415만 명이다.

중국은 56개 민족으로 구성되어 있으며 한족이 91.9%, 55개 소수민족이 8.1%를 점유하고 있다. 소수민족은 중국 인구의 8.1%를 점유하나 이들이 분포하고 있는 지역은 중국 영토의 64%에 달한다. 소수민족의 인구는 장족이 1,617만 명, 만주족 1,068만 명, 회족 981만 명, 먀오족 894만 명, 위그르족 839만 명의 순이며 조선족은 192만 명으로 열네 번째 소수민족이다. 대부분의 소수민족이 국경과 남쪽 산간 지역에 살고 있다.

중국의 행정구역은 성급, 현급, 향급의 3급 체제로 구성되어 있다. 대만을 제외하고 22개성, 4개 직할시 베이징·톈진·상하이·충

칭, 5개 자치구 네이멍구·광시좡족·시짱·닝시아회족·신장웨이구얼, 2개 특별행정구 홍콩·마카오로 이루어져 있다.

중국은
'중국식'으로 발전한다

5,000년이 넘는 중국의 역사

1492년 콜럼버스가 아메리카 대륙을 발견한 이후, 1607년부터 유럽인들이 미국 땅에 정착하기 시작했다. 1620년 메이플라워호를 타고 영국의 청교도들이 미국에 상륙한 이후 미국은 개발되기 시작했다. 종교적 열정을 토대로 서부를 개척하고 아메리카 인디언을 몰아내면서 새로운 자유국가 미국이 건설되었다. 1776년 시작된 영국과의 독립전쟁에서 이기고 나서 미국은 하나의 국가가 되었으며 남북전쟁을 거쳐 노예제가 폐지되었다. 제2차 세계대전 후 미국은 세계 1위 국가가 되어 전 세계에 시장자본주의와 자유민주주의를 전파하였다. 냉전시대가 1990년대 초에 끝나자 미국은 명실상부한 초강대국이 되었다. 이러한 미국의 역사는 500년이 조금 넘는다.

중국의 경우, 기원전 770년부터 진秦이 통일하기 전까지인 춘추전국시대부터 계산하더라도 2,700년이 넘는 역사를 가지고 있다. 전설상의 국가인 은殷까지 포함하면 5,000년의 역사를 가지고 있다고 중국인은 믿는다.

중국은 통일과 분열을 거듭하면서도 하나의 국가를 유지해 왔으며, 한漢·당唐 때에는 강대국으로 부각되었고 송宋 때에는 전 세계 최고의 강국이었다. 원元 때는 전쟁을 통해 중동과 유럽까지 영토를 넓히기도 했지만 명明 이후에는 중국 대륙에서만 군림하는 국가가 되었다.

1839~1842년 영국과의 제1차 아편전쟁에서 패배한 이후 청淸 말기에 서양에 침략당한 뒤, 1912년 신해혁명으로 청이 멸망하고 쑨원이 이끄는 공화정이 탄생했다. 국민당과 공산당의 싸움에서 공산당이 승리하여 1949년 중화인민공화국이 탄생되었다. 대약진운동과 문화혁명을 통해 대내적 경제성장 전략을 추진하다가 1978년 개혁개방을 내세우면서 다시 세계무대에 복귀하였다. 그 이후 급속한 경제발전을 이룩하면서 지금은 세계 2위의 경제대국으로 성장하였다.

중국은 1세기에 걸친 중국의 침체를 '굴욕의 세기'라고 부르면서 다시 과거 중국의 영화를 되찾아야 한다고 생각하고 있다. 그래서 미국 등 서구 국가에서 중국의 부상을 논하면, 중국은 단지 과거의 위치로 복귀할 뿐이라고 말한다. 즉 서구와는 역사부터 다르다는 것을 은근히 강조하는 것이다.

그래서 그런지 중국은 페르시아 제국의 후예인 이란이나 오스만 투르크 제국의 후예인 터키, 그리고 인도와 같이 역사가 오래된 나라에 각별한 감정을 가지고 있는 것 같다.

중국인의 우월의식, 중화사상

중국인의 세계관은 기원전 6세기에 쓰인 《서경(书经)》을 중심으로 발전해 왔다. 황제가 사는 '중앙의 지역(중국)'이 있고, 주변부에 나머지 국가가 있으며 끝부분에 오랑캐가 살고 있다. 중국이 세계의 중심이라고 여기며 중국문화는 다른 지역 문화보다 우월하다고 믿는다. 주요 문화로써 유교적 사고에 의한 인의예지(仁義禮智)를 중시하였고 또한 한자를 사용하며 학문을 배울 수 있는지가 타 지역에 대한 중요한 판단 기준이었다. 오랑캐의 경우도 교화시켜 중국문화를 받아들이면 예의가 있는 국가로 받아주었고, 교화되지 못하면 오랑캐로서만 인정하였다. '중화사상(中華思想)'을 받아들인 나라는 한국, 일본 그리고 베트남 등이었다.

사실 중화사상이라는 말 자체는 오래된 것이 아니다. 청나라 말기에 서구열강에 중국이 침략당하고 있을 때 국가의 정체성을 찾기 위해 장빙린 등의 민족주의자가 사용한 것이다. 또한 한인(漢人)이라는 말도 청나라 말기에 중국을 표현하기 위해서 최초의 강대국이었던

'한의 후예'라는 뜻으로 사용한 것이다. 즉, 중국에 민족주의가 대두되면서 중화, 한인 등의 단어를 사용하기 시작한 것이다. 그리고 과거에 이민족인 여진족, 몽고족, 만주족이 중국을 통일한 적은 있었지만 중국문화에 다 교화되었고 다른 민족도 한족에 동화되었다고 생각하게 되었다. 그만큼 중국문화에 대한 자부심이 크다.

미국은 자유민주주의를 기치로 내세운다. 그리고 세계의 모든 민족과 국가에 자유민주주의와 시장경제를 전파시켜서 전 세계의 경제발전과 인권회복에 지대한 역할을 하고 있다고 자부한다. 또한 민족과 국가가 달라도 미국식 가치관이 세계적으로 받아들여질 수 있는 제일 좋은 가치관이라고 생각하며, 스스로를 다양한 인종을 하나로 만드는 용광로와 같은 나라라고 생각하는 것 같다. 강대국은 다 그렇게 생각하는 것인가!

중국의 중화사상과 미국의 자유민주주의는 몇 가지 부분에서 사고가 다르다.

첫째, 미국은 개인의 자유를 최우선으로 생각하지만 중국은 국가의 평화와 공존에 더 큰 의미를 두고 있다. 따라서 중국은 경제적으로는 미국식 시장경제주의를 받아들였지만 정치, 사회 부문에서는 국가를 중시하는 중국식 가치관을 유지하고 있다.

둘째, 미국의 경우 자유민주주의와 시장경제제도를 전 세계에 전파하기 위하여 적극적으로 활동하고 있다. IMF 사태 등이 생길 경우 시장개방과 자유민주주의를 조건으로 자금을 지원해준다. 또한 인권문제, 부정부패 등 개인의 자유를 억누르는 국가에 대해서도 자유민주주의 체제로 갈 수 있게 다양한 조치를 취한다.

그러나 중국은 다르다. 중국은 중국이 세계의 중심이라는 중화주의 사고가 강하다. 중국만 발전하면 전 세계가 중국을 따를 것이라고 생각한다. 중국의 문화 수준이 높고 나라가 크기 때문에 나라가 발전하면 다른 국가들이 중국을 인정하게 될 것이고, 중국을 인정하면 중국도 대국으로서 주변국들과 평화롭게 지내야 하는 의무를 가지고 있다고 생각한다.

셋째, 중국은 사회의 발전을 위해 강한 국가가 있어야 한다는 유교사상이 아직도 남아있다. 따라서 개인의 성공이나 자유보다는 공동체의 평화발전이 우선인 집단주의적 성향이 강하다. 세계인의 통합을 추구하는 미국과 달리, 어느 민족, 어느 국가인지에 대한 관심이 더 강하고 그들의 문화에 대해서도 기본적으로 존중하려는 태도를 가지고 있다. 즉, 다른 국가의 정치체제가 민주주의든 독재든, 중국에 우호적이기만 하면 대개 그 나라의 정치체제를 그대로 인정하는 전략을 취한다.

국가는 최고의 권위를 가진다

중국은 '주권이 국민에게 있다'는 국민주권보다 '주권이 국가에 있다'라는 국가주권을 따른다. 국가는 중국의 사회 안정과 국민의 생활 향상에 모든 노력을 경주해야 한다. 이렇게 국가가 강조되는 연유는 중국의 역사와 깊은 관련이 있다.

중국이 통일되지 않았던 춘추전국시대에 여러 나라들이 통일을 하려고 전쟁을 계속하게 되자, 사회가 어지러워지고 수많은 국민들이 희생되었다. 그러자 하나의 강력한 국가가 있어야 사회가 안정되고 국민의 평화가 유지된다는 생각이 공자에 의해 주창되었다. 진秦, 한漢의 중앙국가가 형성되자 중국은 급속히 안정되었고 문화가 발전하였으며 경제도 좋아졌다. 그 이후 북쪽 세력과 남쪽 세력의 대치로 중국이 다시 분열되었을 때마다 전쟁으로 수많은 사람들이 죽고, 사회가 불안정해졌다. 그러나 다시 통일국가가 되면 사회가 안정되고, 국민의 생활도 안정되었다. 청나라 말기에 서강 열국에 의해 중국이 나누어지고, 국민당과 공산당의 주도권 싸움이 계속되면서 경제는 피폐해지고 많은 생명이 죽어갔다. 그 이후 공산당이 중국을 통일하면서 사회가 다시 안정됐다.

이러한 역사와 경험을 토대로 중국인은 강력한 국가가 있어야 사회가 안정되고 경제가 발전한다고 생각하게 되었다. 비록 안 좋은 정권이 집권하여도 나라가 분열된 것보다는 사람의 희생이 적기 때문에 국가를 전복하려는 움직임은 거의 없었다. 이런 사상이 현재의 중국에도 그대로 적용되고 있다. 통일국가는 중국이 항상 추구하는 것이다.

유교사상도 큰 역할을 하고 있다. 한나라부터 국가가 국민의 생활을 보장하고, 정권이 크게 잘못을 하지 않는 한 국민은 국가를 지지하는 역사가 형성되었다. 국가는 개인의 사사로운 이익보다는 국가 전체의 이익을 우선적으로 고려하고 그것을 달성하는 데 최선을 다해야 한다. 이러한 유교사상이 지지받고 유지되는 것은 중국의 상황에 가장 적합하기 때문이다.

중국에서는 국가가 최고의 권위를 가지고 있기 때문에, 외국인이 몇 가지 민감한 사안에 대해서 섣불리 의견을 내거나 비판하는 것은 신중해야 한다. 중국인들은 다음과 관련해 중국이라는 통일국가를 해칠 수 있는 사고에 대해서는 매우 민감하게 반응한다.

① **영토문제** 국가의 안전과 직결된 중요한 문제다. 영토에 대한 방위가 국가의 제일 중요한 과제 중 하나다.

② **군사력 증강** 중국은 국경선이 매우 길다. 국가의 평화를 유지하고 영토를 보호하기 위해서 강력한 군대가 필요하다.

③ **마약문제** 청나라가 망한 요인 중 하나가 아편이었다. 따라서 마약에 대해서는 외국인들도 예외 없이 법에 의하여 강력히 응징한다.

④ **종교문제** 정치는 공산당이 한다. 따라서 정치에 도전할 가능성이 있는 세력을 매우 경계한다. 종교의 경우 신앙심에 의한 단결력이 높다고 판단되므로 정치적 세력이 되는 것을 막기 위해 상당히 제한된 종교 활동만 허용한다.

행정과 사법조직을 감독하는 공산당

1921년 7월 상하이에서 중국 공산당이 창설되었고 28년 만에 1949년 10월 베이징에서 중화인민공화국이 선포되었다. 1949년 이래 지금까지 중국은 공산당이 중앙조직과 지방조직을 장악하고 있으며 400만여 개의 산하조직을 운영하고 있다. '당이 곧 국가'인 당·국가체제가 중국정치의 특징이다. 전체 인구 중 6.5% 정도의 중국 공산당원이 중국의 정치를 결정하고 있다.

중국 공산당의 조직은 2014년 기준 총서기 1명, 상무위원 7명, 정치국위원 25명, 중앙위원회 205명, 전국대표대회 대표 2,270명, 공산당원 8,280만 명의 구조로 되어 있다. 1977년 이후 전국대표대회는 5년에 한 번씩 정기적으로 개최되고 있다. 공산당의 최고권력은 형식상 중국 공산당 전국대표대회에 있으나 실제 권력은 중앙정치국이 가지고 있다. 중앙정치국 25명 중 7명이 정치국 상무위원회를 구성하고 이들은 국가 중요 정책에 대한 실질적인 결정권을 가지고 있다. 정치국 상무위원의 경우 총리나 국가 원수급으로 간주되며, 7명의 상무위원이 중국을 대표하여 전 세계 국가를 교대로 다니고 있다.

1921년 중국 공산당이 설립되었고, 중국 인민해방군은 1927년 설립되었다. 공산당 중앙군사위원회가 군의 최고 의사결정기구이다. 중국은 공산당의 무력혁명을 통해 세워진 국가며, 중국의 군대는 행정부가 아닌 공산당 소속 기관이다.

중국의 의회는 전국인민대표대회(전국인대)가, 각 성에서는 지방인민대표대회(지방인대)가 역할을 하고 있다. 중국의 전국인대와 지방인대는 입법권, 정책결정권, 인사임명권, 감독권의 4가지 권한을 행사한다. 즉 중국의 정책은 인민대표대회에 의해 최종적으로 결정된다. 1979년 이후 전국인대는 각 지방입법을 활발하게 제정 및 수정하고 있다. 정부 및 국가기관에 대한 감독권은 전국인대 상무위원회가 담당하고 있으며 지방인대는 각 지방정부의 업무에 대한 감독 권한을 가지고 있다.

국무원은 공산당이 결정한 정책을 집행하는 행정기관이다. 대표회의와 상무위원회가 제정하는 법률 등을 집행하고 있으며, 중국 공산당의 노선, 방침, 정책 등을 집행하고 있다. 2014년 기준 25개의 부와 위원회, 16개의 직속기구 등을 가졌다. 중국의 행정부 등을 국무원 총리가 총괄담당하고 있으며 국무원 총리는 전국인대에서 국가주석의 제청을 거쳐 선출된다.

중국의 사법부는 행정부와는 동급이지만, 전국인대의 하위기구다. 전국인대 및 지방인대에 의해 사법부 인사가 선출되며 사법부는 양쪽 인대에 업무를 보고해야 한다. 또한 법원과 검찰은 공산당 정법위원회의 통제를 받고 있는데, 검찰이 법원의 판결을 감독하는 권한을 가지고 있어 검찰이 법원보다 한 단계 높다. 중국 공안국 국장이 각 지방의 정법위원회 서기를 담당하고 있기 때문에 법원과 검찰은 각 지방의 공안국의 지휘감독을 받고 있다. 이밖에 중국에만 있는 독특한 기구로써 중국 인민정치협상회의가 있는데 특정 안건에 대한 의견을 조정하고 자문하는 역할을 담당한다.

중국의 집단지도체제

중국에서 정치를 이끌어가는 최고 의사결정체는 공산당의 상무위원들이다. 주석이나 총리가 최종 결정하기 전에는 집단의 의사조정을 통해 모든 의사결정이 이루어진다. 이러한 집단지도체제의 성격은 모든 분야에서 나타난다.

중국 정부나 지방성, 그리고 국영기업 등 어떤 조직이든지 협상을 하다보면 권한을 부여받은 말만 똑같이 되풀이 하며 의견을 받아주지 않는다. 새로운 내용을 받아주기 위해서는 집단적 의사결정이 다시 이루어져야 한다. 또한 갑자기 입장을 바꿔서 말할 경우에도 이유를 설명해주지 않고 미안하다는 말도 절대 하지 않는다.

개인이 결정한 것이 아니라, 조직 전체가 결정한 사항이기 때문에 자기의 잘못이 아니라고 생각하기 때문이다.

집단지도체제의 의사결정 방식에 의하면, 회사나 조직이 하나의 새로운 사항을 결정하기 위해서 10여 개의 부문이 모여서 토의를 하는데 모든 부문이 찬성해야 결정이 이루어진다. 따라서 새로운 의사결정을 하려면 다시 똑같은 절차대로 관련 부문에 새로운 과제를 보내고 각 부문들 사이에 합의가 있어야 되기 때문에 위험부담이 최소화된 결정만 나오게 된다.

집단지도체제에서 부문별 의견이 좁혀지지 않으면 조직의 상위 계층으로 올라가서 결정이 이루어진다. 이렇게 올라가다 보면 결국 최고 결정자가 최종적으로 결정할 수밖에 없다. 따라서 중국에서는 최고 결정자의 파워가 매우 세다. 회의를 통해서 최종 결정이 이루어지면, 조직의 모든 구성원이 하나의 목소리를 내게 된다.

한국의 경우 개인적인 의견으로써 반대 의견도 상대방에게 말할 수 있으나 중국의 경우는 일부에 불만이 있어도 결정된 사안에 대해서는 기계적으로 하나의 목소리만 들린다. 따라서 하나의 목소리가 정해지기 전에 각 부문별 설득작업을 많이 해야 자신에게 유리한 결정을 유도할 수 있다. 회사나 조직에서 중요한 의사결정을 할 때에도 조직 내부 사람만 모여서 결정한다. 외부의 전문가나 고문도 핵심 의사결정에서는 배제된다. 외부의 이해관계자의 의견이나 고충이 정확하게 반영되지 않기 때문에 의사결정이 오히려 비효율적인 방향으로 나오는 경우도 발견된다. 중국인들이 나중에 그 사실을 알았어도 일단 결정된 사안은 바꾸기 어렵다. 의사결정을 바꾸기 위해서 다시 모든 부문의 사람들이 모여야 하는데, 그 원인이 본인의 소홀로 인한 것이라고 판단될 경우에는 자신이 일을 제대로 하지 않은 것을 증명한 것이므로 다시 재심 신청을 할 수 없는 구조다.

이러한 중국식 의사결정은 한국에서도 볼 수 있다. 즉 심사위원단 등 다수의 사람이 모인 위원회에서 의사결정을 하는 경우 적극적으로 찬성한 사람은 아무도 없는데도 이상한 방향으로 의사가 결정되는 경우가 가끔씩 나타난다.

시민정치가 아닌 엘리트 집단정치

중국의 정치제도는 전 세계에서 찾아볼 수 없는 아주 독특한 제도다. 따라서 정치 시스템이 왜 그렇게 발전되었는지 알기 전에는 함부로 평가를 하지 않는 것이 좋다.

중국 헌법에는 공산당이 국가를 다스린다고 규정되어 있다. 따라서 중국인이 정치에 참여하고 싶으면 먼저 공산당원이 되어야 한다. 그런데 공산당원이 되려면 사전심의를 통과해야 하는데 그 과정이 쉽지 않다.

한국의 경우 누구나 쉽게 정치에 참여할 수 있다. 당원도 매우 쉽게 되고 탈퇴도 자유로운 편이다. 그래서 정당에 대해 심각하게 생각하지 않고 정당 비판도 쉽게 한다. 그러나 중국에서는 공산당에 대해서는 언급하지 않는 것이 제일 좋다.

공산당이 국민당과의 길고 긴 싸움에서 승리하여 1949년 중화인민공화국이 설립되었다. 즉, 중국을 세운 것은 공산당이지 일반 국민이 아니다. 또한 개혁개방으로 현재의 G2까지 중국을 만들어 놓은 조직도 공산당이다. 공산당 덕택에 개혁개방 정책이 추진되고 그 결과 현재의 위치까지 오게 되었으니 중국 공산당은 일반인들의 지지와 존경을 받고 있다.

이러한 역사적 배경 때문에 공산당이 중국 내에서 정치를 담당하고 국가를 운영하는 것이다. 이것은 미국 등 서구 선진국과는 전혀 다른 경우다. 서구의 경우 시민의 정치적 자유를 통하여 정부의 권력을 제한하는 민주주의가 발전했으나 중국은 서구와는 전혀 다르게 발전한 것이다. 그렇기 때문에 서구의 민주주의 개념으로 중국의 공산당을 비판하는 것은 서로 다른 기준으로 평가하는 것이므로 조심해야 한다. 국민의 정치 참여도 마찬가지다. 서구는 헌법에 국민의 정치 참여가 보장되어 있으나, 중국은 헌법에 공산당이 국가를 통치하는 것으로 규정되어 있다.

최고 지도자를 뽑는 과정도 다른 나라와 다르다. 서구의 경우 선거나 투표라는 절차로 지도자를 뽑으나 중국은 몇 십 년간의 지도자 양성과정을 거쳐 최종적으로 합의하여 가장 적합한 지도자를 선출한다.

국가를 운영하는 방식도 다르다. 서구의 나라는 대통령이나 총리가 제일 중요한 역할을 하나, 중국의 경우 7인의 집단지도체제의 합의에 의하여 중요 정책을 결정한다.

세계에서 가장 경쟁이 치열한 시장

1978년 이후 중국이 경제개발을 본격적으로 시작할 때에는 국내 시장을 보호하면서 성장하는 전략을 채택하기 어려워, 할 수 없이 적극적으로 외자기업을 유치하여 성장하는 전략을 택했다. 대규모 경제특구를 만들어 투자기업에 대한 각종 특혜를 주면서 외자기업들을 적극적으로 유치하였다. 그 결과 외자기업들은 중국의 값싼 노동력을 이용하여 싸고 품질 좋은 소비재를 만들어 전 세계에 수출하게 되었다. 저가의 중국산 제품이 공급됨에 따라 선진국의 소비자들은 더 싸게 소비를 할 수 있게 되었고 중국은 '세계의 공장'이라는 명성을 얻게 되었다. 중국 정부는 국가에 중요한 산업들은 국영기업으로 육성하는 방식을 채택하였다. 석유, 철강, 화학, 통신, 은행 등이 대표적인 국영기업들이다.

한편, 소비재 생산은 민간기업들이 담당하였다. 소비재를 생산하는 중국기업들은 전 세계의 중국 투자유치기업과 처음부터 경쟁을 하면서 성장해야 했다. 그러다보니 제일 경쟁이 치열한 시장이 소비재 산업 부분이다.

예를 들면 경제발전으로 중국의 인건비가 오르자 2000년대 초에 광둥성에서만 1,000개의 신발공장이 문을 닫고 인건비가 상대적으로 싼 중국 내륙이나 동남아로 이동하게 되었다. 철강, 자동차의 경우도 많은 지방성에서 동시에 회사를 만들었기 때문에 과잉설비에 따른 극심한 구조조정을 겪게 되었다. 자동차의 경우 1,000개의 자동차 기업 중 몇 개가 살아남을지 중국인들끼리 비공식 회의에서 토의한 결과, 50개 기업이 살아남을 것이라고 전망한 적도 있다. 나라가 크고 땅이 넓다보니 50개 기업은 생존 가능하다고 판단한 것이다.

중국의 인구를 편하게 계산할 때 필자는 30개 성, 성당 인구 5,000만 명, 이렇게 해서 15억 명이라고 따진다. 자동차의 경우 승용차, 화물차, 버스 등 성당 2개의 기업은 살아남을 수 있다고 필자는 생각한다. 모든 성이 산업을 장려하다 보니 성당 1개의 주류회사만 육성해도 30개의 주류회사가 설립된다. 성당 1.5개라고 보면 기본적으로 50대 1이라고 생각하면 편하다. 이렇게 경쟁이 심하기 때문에 중국에 진출하려면 판매 전략을 세밀하게 수립해야 한다. 중국시장에서는 세계 수준의 외국기업과도 경쟁해야 하고 값싸게 제품을 생산하는 중국기업과도 경쟁을 해야 되기 때문이다. 세계에서 가장 경쟁이 심한 시장이라는 것을 인지하고 마케팅 전략을 잘 짜야 중국에서 살아남을 수 있다. 인구가 많고 지역이 넓으니 생산만 잘하면 팔릴 것이라는 생각은 매우 안일한 자세다. 대신 중국시장에서 살아남으면 세계 시장에서도 살아남을 수 있다. 중국시장이 워낙 커서 충분히 돈을 벌 수 있기 때문에, 중국에서 성공하면 굳이 다른 나라를 찾을 필요가 없지 않을까 생각한다.

압도적인 인구의 영향력

2015년 7월 기준 미국 인구는 3억 2,136만 명, 중국 인구는 13억 6,768만 명으로 추정하고 있다. 인구가 많아서 미국과 다른 방식으로 전 세계에 영향을 주고 있다.

우선 중국 경제는 1인당 GDP로 보았을 때 중진국 수준이다. 그러나 14억이라는 인구 때문에 1인당 GDP가 1만 달러가 안 되어도 경제규모는 세계에서 두 번째로 큰 나라다. 국내 소비시장도 마찬가지다. 인구가 많다보니 2009년부터 최대의 자동차 수요시장이 되었다. 미국의 자동차 수요보다 훨씬 높은 연간 2,000만대의 자동차가 중국에서 팔리고 있다. 그러다보니 모든 자동차 기업들이 신상품을 상하이모터쇼에 선보이고 있다.

이동통신 가입자도 거의 10억 명에 육박한다. 이동전화에 사용되는 소프트웨어의 경우에는 동시 접속자가 1억 명이 되어도 문제가 없어야 한다. 소프트웨어를 잘 개발하고 기술적인 수준을 높이는 것과 동시에 1억 명이 사용할 때 아무런 문제가 없어야 하는 것은 전혀 다른 문제다.

해외를 여행하는 중국인의 경우 2010년 이미 5,000만 명을 넘어섰다. 과거 일본인들이 전 세계로 여행을 다닐 때의 2,000만 명 수준의 두 배가 넘는다. 그래서 세계에 미치는 영향력이 크다. 마카오의 도박장 운영수입이 2008년부터 라스베이거스를 능가하고 있다. 라스베이거스의 한 호텔은 중국인 관광객 유치를 위하여 호텔 전체를 중국풍으로 바꾼 사례도 있다. 향후에 1억 명 가까운 중국인들이 해외여행을 하게 되면 전 세계가 중국인 관광객을 잡아야 먹고 살 수 있게 된다. 한국에도 곧 중국인 관광객 1,000만 명의 시대가 열릴 것 같다.

중국은 해외건설의 경우도 중국인을 파견하여 현지에서 건설하고 있다. 그러다 보니 해당 국가에서 자국인을 고용하지 않는다고 불만이 나오기도 한다. 중국은 사람이 많기 때문에 국내 대규모 공사도 매우 빠르게 완공한다. 예컨데 5,000㎞ 송유관 공사라면 1,000㎞ 단위로 각기 다른 회사 다섯 곳에 맡기면 실제 소요되는 기간은 5,000㎞ 공사 시간이 아닌 1,000㎞ 공사 시간에 끝난다. 더 빨리 하고 싶을 때에는 작업 길이를 500㎞ 단위로 나누면 된다.

철도감리의 경우도 구간을 나누어서 외국계 회사에 주기 때문에 예정된 기한 내에 공사를 충분히 완성할 수 있다.

빈부격차 축소라는 큰 과제

중국은 경제가 발전하면서 빈익빈 부익부 현상이 가속화되었다. 특히 장쩌민의 집권기간인 1992~2002년에 비약적으로 경제가 발전하면서 빈부격차가 확대되었다.

계층 간 소득분배의 불평등을 나타내는 지표인 지니계수는 2012년 0.474였다. 세계평균인 0.44를 넘는 것으로서 중남미 국가들 수준과 같이 높은 것이다. 참고로 미국은 2010년 0.380, 한국은 2012년 0.307, 일본은 2009년 0.336이었다.

제4세대 지도자인 후진타오 주석은 지속적으로 화합을 내세우면서 부패척결에 앞장섰으며, 이것은 제5세대 지도자인 시진핑 주석에 의해 더욱더 강하게 추진되고 있다. 권력층의 부패가 척결되어야 사회가 안정된다는 기치 아래, 다시금 사회주의 가치관을 강조하면서 '돈이면 최고다'라는 사고를 바꾸는데 전력 집중하고 있다. 그러다보니 성공한 기업가나 관료들이 하루아침에 고발되어 구속되는 경우도 종종 나타난다.

또한 서민층의 생활수준 향상을 위해 사회보험을 계속 강화하고 있다. 2010년 중국의 사회보험법에 의하여 양로보험제도, 의료보험제도, 실업보험제도를 도입, 시행하고 있으며 2020년까지 기본적인 사회보장제도를 갖추기 위해 노력하고 있다.

외국기업은 사회보험으로 인하여 중국에서의 인건비 부담이 계속 높아지고 있으며 월급의 두 배까지 인건비로 계산하고 경영해야 안전한 자금흐름을 유지할 수 있다고 한다. 향후에도 사회보험에 따른 인건비 부담은 계속 상승할 전망이다.

빈부격차를 줄이는 다른 한 축은 농촌의 발전을 유도하는 것이다. 도시와 농촌의 소득격차가 갈수록 커지고 있고 지역적으로는 해안지역의 도시와 내륙지역의 성들 간의 빈부격차가 큰 문제다.

중국이 서부대개발을 주장하는 배경에는 지역의 균형개발을 통하여 소득격차를 줄이려는 목표가 담겨 있다. 서부대개발을 위해 내륙 쪽에 해안지역보다 많은 세제혜택을 주면서 외자기업의 유치를 독려하고 있다. 최근 삼성전자의 시안 공장이나 현대자동차의 중경진출도 이와 같은 중국정책의 흐름과도 밀접한 관계가 있다.

농촌지역의 소득발전을 위해서 중국 정부는 막대한 예산을 투자하고 있다. 따라서 신농작물 개발, 축산업, 고가농산물의 재배유도 등에 대해서도 관심을 두어야 한다. CJ가 중국에 사료공급을 계속 확대하고 있는 것도 중국의 농업정책과 방향을 같이하고 있는 것이다.

국제환경의 변화에 신축적으로 대응하는 중국

　중국의 경우, 개혁개방을 추진한 이후 1989~1991년에 구소련과 동구권의 몰락을 보았다. 그 이후 정치체제의 안정을 위해서 다각적인 조치를 취하게 되었다. 특히 1989년 중국에서 '89운동'으로 불리는 천안문 사태가 발생한 이후 반부패운동을 본격화하였고 1992년에는 덩샤오핑의 남순강화를 발표하면서 중단 없는 개혁과 개방을 계속 추진하였다. 사회주의 시장경제를 주창하면서, 다시 말해 중국식 정치체제를 유지하면서 경제발전을 과감하게 추진한 것이다. 이후로 대외적인 개방을 더욱 확대하여 외국인 투자가 급격히 중국에 유입되었다. 한국도 1992년에 국교를 수립하면서 본격적으로 중국에 진출하게 되었다.

　1998~1999년의 아시아 금융위기를 보면서 중국은 금융부분에 대한 통제를 강화하였다. 아시아 외환위기의 주요인을 과도한 외자차입에 의한 투자와 변동환율제에 따른 불확실한 외환시장으로 판단하였다. 그 이후로 서구의 투기자본에 대한 통제를 더욱 강화하고 고정환율제를 유지하면서 환투기에 적극적으로 대처하였다. 또한 방만한 국영기업의 경쟁력 강화를 유도하였는데, 이것은 국영기업을 급속히 민영화한 소련이나 동구 국가들과는 다른 정책방향이었다. 이 과정에서 중국은행의 부실에 대해서도 뼈아픈 자구책을 실시하였고 중앙 및 지방정부의 재정건전화를 위해 다각적인 대책

도 추진하였다.

2001년에는 '세계로 나아가자走出去, 저우추취'를 전략적으로 추진하면서 경제발전에 필요한 원자재의 안정적 확보에 중점을 두었다. 중국이 전 세계 원자재를 확보하는 과정에서 원자재 수출 국가들은 모두 다 대규모의 경제호황을 이룩하였다. 이런 추세는 2008년 세계 금융위기가 올 때까지 지속되었다.

2003년 이후 중국은 세계무대에 자신을 적극적으로 알리기 시작한다. 2003년과 2005년에 유인우주선을 발사하는데 성공하였고, 2007년 달 궤도 탐사선도 성공적으로 발사하였다. 2008년에 우주에서의 유영에 성공하였고 2020년에 우주정거장을 건설하기 위한 계획을 단계적으로 추진하고 있다. 중국은 우주에 대한 기술을 과시하면서 세계로 진출하고 있는 것이다.

2008년 베이징올림픽을 성공적으로 개최하면서 전 세계에 중국의 문화 역시 적극적으로 홍보하기 시작했다. 2008년 금융위기로 2009년 세계가 마이너스 성장을 지속할 때에 중국은 과감한 내수진작을 통해 8%의 경제성장을 유지하였다. 한국의 경우 중국 경기에 힘입어 2009년 0.7%의 경제성장을 달성하였는데, 세계에서 한국만이 유일하게 중국시장의 성장효과 혜택을 받은 것이다. 2008년 미국 월가의 금융기관 파산 이후로 전 세계 금융시장이 타격을 받았지만, 중국은 큰 타격을 받지 않고 지나갔다. 이렇게 안정적으로 넘어간 이유는 중국 정부가 아시아 금융위기 이후 환율과 투기적 자본에 대한 통제를 계속 강화한 것 때문이라고 평가된다. 앞으로도 이런 정책은 지속적으로 유지될 것으로 보인다.

중국은 세계경제의 흐름에 적절히, 그리고 신축적으로 대처하면서 고도의 경제성장을 유지하고 있다. 중국이 경착륙을 하여도 연 6~7%의 고도의 경제성장이 가능하기 때문에 선진국의 연착륙, 즉 2~3%의 경제성장 유지와 비교할 때 향후에도 중국의 경제력은 계속 커질 것으로 전망된다.

초강대국 미국과 중국

대륙국가의 방식으로 세계와 협력하는 중국

중국이 2003년 이후 펼치고 있는 다른 국가들과의 협력방식을 보면 미국과 많이 다르다는 것을 알 수 있다. 미국은 태평양을 중심으로 APEC, 대서양을 중심으로 NATO_{North Atlantic Treaty Organization} 체제를 구축하였다. 그리고 석유가 최고의 관심사, 즉 국가이익의 제1순위였기 때문에 중동을 특별 관리하였다. 물론 이스라엘이 중동에 있는 것도 중요한 고려사항이다.

미국은 영토가 커서 하나의 대륙국가로 보이지만, 국경선에는 캐나다와 멕시코 두 나라밖에 없다. 두 나라 다 미국에 비해서는 중소국이라서 국경문제는 없다. 따라서 미국은 자국 영토보호를 위한 노력보다는 해외 전체의 질서유지에 더 큰 관심을 쏟는다. 따라서 러시아, 독일 등과 같은 대륙국가라기보다는 영국, 일본과 같이 섬나라로서의 성격이 더 강하다.

중국의 경우 14개국과 육지로 국경선을 마주하고 있고, 6개국과 바다를 접하고 있다. 주변 국가들도 중소국을 비롯해 인도, 일본과 같은 대국도 있으므로 무엇보다 영토보호에 우선적인 관심을 두고 있다. 경제협력도 아세안과의 FTA 체결 등 주변국과의 협력에 신경을 쓰고 있으며, 최근에는 중국에서 독일로 가는 실크로드Silk Road에서도 경제협력을 우선적으로 추진하고 있다. 즉, 동남아를 우선적으로 안정시키고 서북쪽의 주변 국가들과도 긴밀한 협력 체제를 구축하려는 것이다.

중국이 지속적인 경제발전을 하기 위해서는 원자재와 수송경로의 안정적인 확보가 매우 중요하다. 따라서 미국과 마찬가지로 원유의 수송경로에 대한 해상보호도 매우 중시한다. 한편으로는 가스관, 송유관 등의 내륙건설을 통하여 육로수송에도 많은 협력 사업을 시행하고 있다.

대륙에 의한 철도운송에도 많은 자본을 투자하고 있다. 중국은 아세안 국가와의 철도연결에도 공을 들이고 있고, 러시아의 시베리아 철도보다는 중국 주도의 실크로드, 국가 간의 철도연결에 많은 힘을 쏟고 있다. 이를 위해 아시아인프라투자은행AIIB, Asian Infrastructure Investment Bank 창설을 통하여 중국 내부에서 고속철도망에 대한 투자를 계속 하고 있다. 미국, 영국, 일본의 섬나라식의 발전과는 달리 중국은 대륙국가로서 육로를 중시하는 것이다. 이처럼 안정적인 육로 확보를 위해 여러 나라와 긴밀한 협력을 추진하고 있다.

미국 동부의 운송에 대한 안전한 통로를 위해 중국은 니카라과와의 운하 건설도 추진하고 있다. 니카라과와 양해각서를 맺고 2014년 말 착공했다. 미국이 주도권을 갖고 있는 파나마 운하에 대항하기 위해서 중국이 새로운 운하를 중남미대륙에 건설하려는 것이다.

중국의 세계화와 미국의 세계화

1945년 제2차 세계대전이 끝난 이후 미국의 주도로 전 세계에 새로운 질서가 구축되었다. 미국이 추진하는 세계화의 목표는 경제적으로는 시장자본주의를 확대시키는 것이었고, 정치적으로는 자유민주주의의 보급이었다.

시장자본주의는 크게 세 가지로 추진되었는데 무역자유화, 자본자유화, 민영화 등 정부의 규제축소가 주된 내용이었다. 자유무역을 통한 급속한 경제발전을 유도하여 인류는 역사상 처음으로 생존 수준의 생활에서 벗어나게 되었다. 또한 과학과 의술의 발전으로 질병으로부터도 많이 해방되고 있다. 자유민주주의의 확산으로 권위적인 정부와 부패권력이 추방되고 민주정부가 수립되어 개인

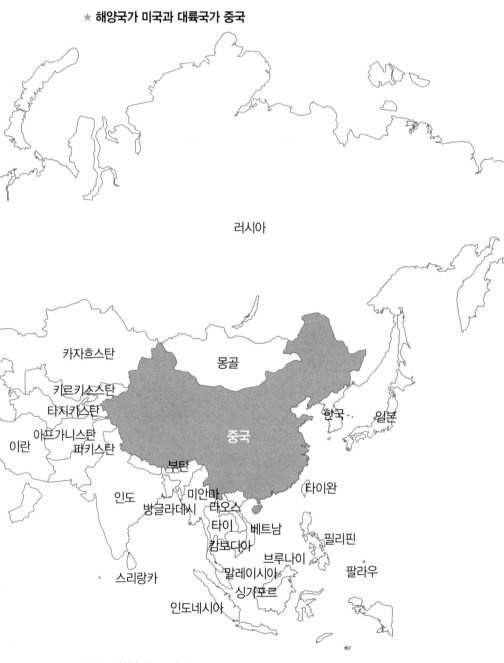

★ 해양국가 미국과 대륙국가 중국

러시아

카자흐스탄

몽골

키르키스스탄
타지키스탄

중국

한국   일본

이란

아프가니스탄
파키스탄

부탄

타이완

인도   미얀마
방글라데시   라오스

타이   베트남
캄보디아

필리핀

브루나이

스리랑카   말레이시아

팔라우

싱가포르

인도네시아

캐나다

미국

멕시코

들은 자유를 누리게 되었다. 그리고 미국은 민주주의 확산을 위하여 지금도 인권문제나 부정부패에 대한 감시를 소홀히 하지 않고 있다.

그러나 1978년 중국이 개혁개방 정책을 채택하면서 실시한 조치들은 미국이 추구하는 정책과 달랐다. 우선 경제적으로는 무역자유화를 적극적으로 채택하였으나, 자본자유화와 민영화는 적극적으로 채택하지 않았다. 자본과 기술이 부족한 상황에서 중국은 해외자본의 직접투자를 장려하여 '세계의 공장'으로 성장했다. 그러나 투기적 자본에 대해서는 엄격한 제한을 두었고 환율도 고정환율제로 운영을 하였다. 즉 환투기와 핫머니의 투기를 최대한 억제하면서 무역 등 실물부문만 중점적으로 세계화한 것이다.

정치적으로는 사회주의 국가체제를 계속 유지하였다. 공산당만이 정치를 할 수 있으며 민간부문에겐 경제활동만 개방되었다. 선거제도도 민주주의 직접선거보다는 중국 특유의 제도를 통하여 후계자를 선출하였으며, 서구와 달리 언론의 자유, 종교의 자유, 집회의 자유도 제한적으로만 허용하였다.

중국은 정치와 경제를 분리하여 세계화를 추진했는데, 30년간 연평균 9.8%라는 경제성장을 이뤘다. 중국이 나타나기 전까지 경제발전에 성공한 나라들은 전부 자유민주주의를 채택하였는데 처음으로 예외적인 국가가 나타난 것이다.

미국을 비롯한 서구는 줄기차게 중국의 민주화를 요구하고 있으나, 중국은 사회의 안정을 해치지 않는 범위 내에서 점진적으로 개혁하고 있다. 최근 중국의 부상을 전 세계가 목격하며 경제발전이 자유민주주의와 반드시 같이 가지 않아도 된다는 사실을 처음으로 인정하지 않을 수 없게 되었다. 중국이 더 발전하면 민주화가 될 수밖에 없을 것이라고 일부 서구 전문가들은 예측하고 있지만, 대부분은 적어도 20년간은 지금 중국의 정치체제가 안정적으로 유지될 것으로 보고 있다. 확실히 미국의 세계화와 달리 중국은 다른 세계화 전략을 따르고 있다.

한국·미국과 다른 중국의 지도자 양성 시스템

중국의 지도자 선정과정은 중국만의 특이한 제도다. 중국의 제1세대(1949~1976년) 지도자인 마오쩌뚱, 저우언라이에서 제2세대(1977~1992년)인 덩샤오핑, 자오쯔양까지는 혁명 세대였다. 제3세대(1992~2002년)는 장쩌민과 주룽지가, 제4세대(2002~2012년)는 후진타오와 원자바오가 중국을 통솔하면서 10년 주기의 지도체제가 확정되었다.

중국의 최대 지도부는 공산당 정치국 상무위원 7명이며 이들이 권력을 행사한다. 제3세대 지도부 이후 10년 단위로 지도부가 교체되고 있으며, 차기 지도자 후보를 미리 발탁하면서 공개적인 실증과 훈련과정을 통하여 지도자를 양성하는 독특한 시스템을 가지고 있다.

중국에서는 공산당이 정치 지도자를 선출한다. 공산당은 엘리트를 긴 시간 동안 양성하는 과정에서 후보자들끼리 실적을 토대로 서로 경쟁시키는 방식을 택한다. 즉, 각 연령별로 대표주자 후보를 4~5명으로 좁혀가면서 10~20년간 그 사람의 업무지도력을 평가하고, 능력이 안 되는 이는 도태되는 경쟁체제인 것이다.

국가를 제대로 경영할 수 있는 자질과 능력이 있는가, 어려운 문제를 잘 해결했는지가 평가의 주된 기준이다. 그러다보니 기본적으로 이해집단의 이익보다는 국가를 위해 바람직한 정책을 추진했는지 여부가 가장 큰 판단 기준이 되었고, 지도자가 되려는 사람은 '중국에 최상의 정책이 무엇인가', '어떻게 해야 중국이 계속 발전할수 있는가'에 집중하게 된다. 또한 10년간의 집권기간이 보장되어있어 중국 지도자들은 장기적인 정책을 추진할 수 있다.

한국의 경우 대통령은 단임제로써 선거에 의해 선출된다. 더 많이 득표한 사람이 대통령이 되기 때문에 각 지역의 이해를 최대한많이 공약에 포함시켜야 한다. 공약에 포함되지 않으면 해당 지역이나 이익단체에서 반대 후보에 투표할 가능성이 있기 때문이다. 표를 위해서 무리하게 공약을 발표하니 대통령에 당선이 되고 나서시행하지 못하는 공약들이 생길 수밖에 없다.

국민투표에 의한 지도자 선정절차는 이익집단의 이익이 국가의
이익으로 평가된다. 그래서 누가 대통령이 되느냐에 따라 정책이
큰 폭으로 바뀔 수 있다. 그러나 중국식 지도자 선정절차는 특정집
단의 이익보다는 국가의 이익을 중시하기 때문에 다른 국가보다는
안정된 정책을 시행할 수 있게 된다.

워싱턴 컨센서스와 베이징 컨센서스가 차이나는 이유

미국이나 국제기구의 해외원조에는 일정한 원칙이 있다. IMF와
세계은행은 무역자유화, 민영화, 정부의 역할 축소 등의 원칙을 해
당 국가가 수용해야 긴급자금을 지원한다. 또한 미국의 경우 민주
주의와 인권향상을 직간접적으로 요구한다. 이것을 보통 '워싱턴
컨센서스Washington Consensus'라고 말한다. 급격한 충격적 요법이나 사회
제도의 급진적 변화를 요구하는 것이 주요 특징이다. 다시 말해 자
본주의체제의 수용과 자유민주주의 채택을 조건으로 경제적 혜택
을 제공하는 것이다.

이와 달리 중국의 대외지원 원칙은 미국과 다소 다르다. 이것을
중국식 모델 또는 '베이징 컨센서스Beijing Consensus'라고 말한다. 중국
의 대외지원은 IMF 등에서 요구하는 급진적 개혁조항이 없으며 상
대국의 주권을 존중하면서 긴급자금을 지원한다. 개도국의 석유
등 원자재를 개발할 때에도 인프라 개발과 같이 패키지 형태의 지

원도 많이 한다. 따라서 중국식 모델은 급진적 변화보다는 점진적인 방식에 가깝다. '경제개발은 지원하고, 정치개혁은 그 나라 국민이 선택한다'라는 생각을 가지고 있는 것이다. 이러한 차이가 생기는 데에는 몇 가지 주된 요인이 있다.

첫째, 국가에 대한 관념의 차이다. 미국의 경우 절대 권력인 정부로부터의 개인의 자유 확보가 최우선이기 때문에 정부의 역할 축소를 강조한다. 그러나 중국의 경우 국가의 안정을 중시하고 고유한 국가의 기능을 인정하기 때문에 경제규제에 대한 철폐 등 급격한 개혁은 크게 강조하지 않는다.

둘째, 미국의 경우 자유민주주의가 제일 좋은 이념이며 미국과 함께 하려면 모든 국가가 같은 이념을 받아들여야 한다고 생각한다. 그러나 중국의 경우는 중국을 인정하면 그것으로 되는 것이지, 그 국가가 중국체제로 변해야 된다고는 생각하지 않는 것 같다. 그 나라의 국민이 선택하는 것이지 중국이 강요할 필요는 없다고 보는 것이다.

셋째, 미국의 경우 인건비가 비싸지만 중국은 상대적으로 인건비가 높지 않다. 이런 차이점 때문에 해외국가 지원 방식에서도 차이가 생긴다. 즉, 미국은 인건비가 비싸서 주로 자금지원만 하지만, 중국의 경우 직접 중국의 인력을 지원하여 건설하는 것이 비용이 더 적게 들기 때문에 사람과 돈이 같이 가게 되는 것이다.

미국식 모델은 급격한 제도개혁을 유도하고 서구 자본주의체제를 단기간에 수립하려고 한다. 따라서 급격한 추진 과정으로 인한 단기적인 부작용이 생길 수 있다. 중국은 그 나라의 국가체제를 존중해주기 때문에 부패정부나 독재정부에 대해서도 긴급자금을 지원해주는 경우도 있다. 또한 인프라 개발시에는 중국의 인력이 현지에 가서 직접 작업하기 때문에 미국식과 달리 현지 국민 사이에서 이질감이 생길 수도 있다.

'다수의 국가' 중국, '하나의 국가' 미국

미국은 영어로 'United States of America'이다. 여러 주州가 모인 국가라는 뜻이다. 그러나 미국의 경우 언어가 하나로 통일되어 있고 지역별 풍속도 크게 다르지 않다. 미국은 모든 인종을 녹여서 하나로 융화시키는 '용광로'라는 말처럼 미국은 문화적, 사회적으로 단일국가다. 따라서 'United States'가 아닌 'One America'로 이해하는 것이 미국을 더욱 잘 느낄 수 있는 방법이지 싶다.

중국은 보면 볼수록 '하나의 나라'가 아니라 다수의 나라가 모인 국가, 'Union of China'라고 느껴진다. 하나의 나라로 보기에는 국토가 너무 넓고 인구도 너무 많다. 그러다 보니 언어도 크게는 표준어(보통화)를 사용하고 있지만 아직도 지방성에서는 자기들의 언어를 사용한다. 중국은 최소 7개의 성省 방언이 있다. 북방방언인

표준어는 인구의 70% 정도가 사용하지만, 30% 정도는 자기성의 방언으로 대화를 한다. 표준어와 지방성의 방언은 의사소통이 되지 않는다.

각 지역별로 풍속도 다르다. 크게 북방과 남방의 스타일이 다르고, 소수민족의 경우 인구의 8% 정도지만 복장이나 문화가 완전히 다르다. 각 성의 성장省長은 중앙에서 임명된 사람이지만 각 지역의 특성을 고려하여 부성장은 대개 현지 출신으로 임명한다. 그러다보니 중앙정부에서 새로운 '정책'이 발표되면 지방성에서는 성에 적합한 '대책'을 강구한다는 유머도 있다. 그만큼 성별로 경제상황이나 제도, 문화가 다르다. 한 성에서 발생하는 일이 다른 지역에도 동시에 발생하는 상황도 별로 없다. 이 성에서는 이 문제와 씨름하고, 다른 성은 또 다른 문제와 씨름하고 있다. 중국 전역에서 같은 문제가 동시에 발생하는 경우는 별로 없다.

각 성별로 TV채널이 3개 내외인데 내용편성이 다 다르다. 도시화, 선진화된 채널도 있지만 일부는 지방색이 매우 강하다. 케이블 TV가 설치된 가구가 2억 가구가 넘는데 몇몇 지방 TV는 전국 규모의 TV로 성장하기 위해 노력하고 있다. 국민소득도 베이징, 상하이, 광둥 등의 경우 선진국 수준의 생활을 하고 있지만 귀주 등의 경우는 개발도상국 수준이다. 경제력도 성에 따라 상당히 다르다.

따라서 만약 중국에서 사업을 한다면 중국을 'Union of China'

라고 보는 것이 편하다. 어느 성에서 사업을 하려면 그 성을 하나의 나라로 보고 제도, 관습을 새로 배우고 사람도 새로 사귀어야 한다. 한 개 성의 인구를 평균 5,000만 명으로 보면 되니 한 개의 성을 하나의 국가로 생각하고 접근하는 것이 현실적인 방안인 듯싶다. 중국은 중앙집권국가지만 실제로는 연방제 국가라고 보는 것이다. 중앙정부는 중앙정부에서 처리해야 할 일이 있고, 지방정부는 성에서 처리할 수 있는 일은 알아서 처리하는 자치권이 어느 정도 부여되어 있다.

국가가 있어야 가족이 있다

중국에서는 국가를 강조하는 구조를 많이 볼 수 있다. 필자가 베이징에 갔을 때 아파트 단지 내 벽보 중 하나가 매우 눈에 띄었다.

有國才有家。
국가가 있어야 가정이 있다.

이 구절을 보면서 한국의 고 박정희 대통령이 생각났다. 필자는 초등학교와 중학교에 다닐 때 국민교육헌장을 매우 열심히 외웠었다.

국가의 발전이 나의 발전의 근본임을 깨달아…….

그때는 경제개발의 초기 단계로 전 국민이 경제개발을 제1의 원
칙으로 삼아서 열심히 일했다. 농촌에서는 새마을운동을 매우 과
감하게 시행하고 있었으며, 학교에서는 국민교육헌장을 전부 외워
야만 했다.

중국에서 '국가가 있어야 가족이 있다'라는 말을 보고서 중국은
국가를 최우선 순위로 두고 모든 정치가 시행되고 있다는 것을 느
낄 수 있었다. 다른 점은 우리는 '국가의 발전이 나의 발전을 가져
온다'고 한 반면, 중국은 '국가의 발전이 가족의 발전을 가져온다'고
주장하는 것이다.

중국사람들과 같이 사귀고 일하다 보면, 모든 사고나 행동이 가
족 중심적이라는 것을 쉽게 느낄 수 있다. 가족에게는 남들과 다
른 관심과 애정을 주는 것이다. 그래서 처음 만났어도 친해지기 위
해선 나이 많은 사람에게는 형哥哥, 꺼꺼이라고 부르고, 나이 많은 여
자에게는 누나姐姐, 지에지에라고 호칭을 부른다. 사실 가족 대우를 받
기 위해서는 5년 정도 만남의 시간이 있어야 한다. 그 사람의 인품
이 어떤지, 성향이 어떤지, 자기와 잘 지낼 수 있는지, 자기에게 이
익이 되는지를 판단하고 만난 지 5년 전후가 되어야 가족의 일원처
럼 받아준다. 사업에 있어서도 친구가 된 다음에 사업을 같이하지,

사업을 하면서 친구가 되는 것은 아니다.

한국의 경우는 서로에게 이익이 되면 쉽게 사업을 추진할 수 있다. 하지만 중국인은 다르다. 중국에는 사람이 너무 많아서 제대로 된 사람인지에 대한 의심이 강하다. 의심이 해소되기 전에는 어떤 사업도 같이 하지 않는다. 사람을 믿고 나서야 비로소 사업을 같이 하려고 한다. 가족 같은 믿음이 생겨야 같이 일하는 것이지, 이익이 생긴다고 곧장 같이 일하지는 않는다. 이처럼 서로의 관점이 다르기 때문에 한국인이 중국인과 같이 사업을 하려면 3~5년의 시간소요를 기본적으로 생각하고 시작해야 한다.

2부

차이나 리스크의 실체

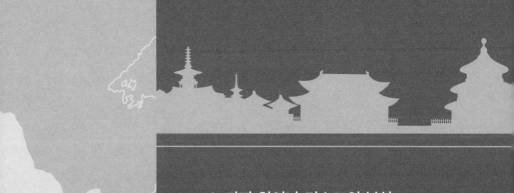

1. 가짜 차이나 리스크의 부상

2. 진정한 차이나 리스크

3. 세계가 나아가야 할 방향

가짜 차이나 리스크의 부상

가짜 차이나 리스크의 주된 관점들

경제발전을 계속하던 중국은 2010년에 G2가 되었다. 2008~2009년 세계적인 금융위기로 인하여 중국의 위상이 갑자기 높아진 것이다. 그러자 '중국위협론'에 대한 논쟁이 전 세계적으로 일어났다. 중국위협론은 주장하는 사람의 입장이나 시각에 따라 다양하게 설명된다. 중국이 '세계를 제패할 것이다'라고 보는 중국위협론에서는 중국에서 돈을 벌기 위해 주의해야 할 위험, 즉 '경영상의 차이나 리스크'를 말하기도 한다.

경영상의 리스크를 분석하는 것은 경영학자나 기업들의 관점이므로 이 책에서는 현재 한국에서 논의되는 '국가적 관점'에서 보는 차이나 리스크 내지 중국위협론에 대해서 살펴보기로 한다. 국가적 관점에서 보면 크게 6가지를 가짜 차이나 리스크 및 중국위협론의 주된 내용으로 볼 수 있다.

① 중국이 군사력을 강화하게 되면 서구가 그랬듯이 중국이 '제국주의'가 될 것이다.
② 중국은 미국과의 패권경쟁을 하고 있어서 미국과 중국의 전쟁이 일어날 수도 있다.
③ 중국이 부상하면 자유민주주의와 시장경제체제가 깨지고 그 대신 중국의 국가주의와 중화주의가 세계의 지도이념이 될 것이다.
④ 중국이 부상하면 지금까지의 평등한 국민국가의 개념이 없어지고 모두 중국에 조공을 바쳐야 한다(조공제도의 부활).
⑤ 중국 경제가 발전하면서 민주의식이 더 높아지면 소수민족의 분리운동으로 중국이 붕괴될 것이다.
⑥ 중국이 영토분쟁을 일으키고 있기 때문에 주변국과의 전쟁 가능성이 높아지고 있다.

이러한 차이나 리스크는 다 가짜다. 하나하나 검토해 보자.

(1) 중국의 제국주의

유럽의 열강들이 서로 경쟁하면서 전 세계에 식민지를 건설했다.

뒤늦게 뛰어든 독일이 영국, 프랑스와 싸우면서 세계대전이 일어나게 되었다. 그리고 세계대전 이후 미국과 러시아가 G2가 되어 20년 이상을 긴장상태에 있다가 1979년 이후 미국 주도의 세계 평화 유지가 시작되었다.

중국이 새로운 강대국이 되면 과거에 당했던 침략에 보복하기 위해 제국주의가 될지 모른다는 두려움이 중국위협론에서 제일 큰 주장이다. 중국이 과거처럼 제국주의가 될 것이고, 그렇게 되면 미래의 중국에 당할 수 있다는 그럴듯한 주장은 사실은 공포감에서 만들어낸 하나의 가정일 뿐이다.

특히 이런 관점을 강하게 뒷받침하는 근거로서 중국의 군사력 강화 노력을 말한다. 즉, 중국이 국방비를 계속 증가시키고 있으니 위험하다는 가정이다. 그러나 중국의 국방비 비중을 보면 2010년 2,000억 달러로 미국의 7,000억 달러 보다 작은 수준으로 미국의 ⅓규모다. 국방비를 증가시키고 있으니 패권국가가 될 것이라고 단정 짓는 것은 아주 멍청한 가정이다. 미국이 세계에서 가장 많은 국방비를 지출하고 있으니 미국이 제국주의라고 말하는 것과 같이 틀린 사고다.

중국의 국방비 지출에 대해서 유럽은 미국과 중국의 군비레이스로 보는 것 같다. 즉, 과거 러시아와 미국의 군비경쟁이 상대방만 바뀌어 다시 지속된다는 관점이다. 미국이 과거의 제국주의와 다른 점은 자유민주주의를 주창하고 전 세계의 평화를 유지하는 것에 우선순위를 둔다는 것이다. 과거의 제국주의는 군사력을 기반으로 식민지 쟁취 경쟁을 펼친 반면, 미국은 세계 평화를 유지하기 위해 군사력을 보호, 강화하고 있는 것이다. 마찬가지로 중국의 국방비 증가를 단순히 제국주의로 향한 길이라고 판단하는 것은 잘못이다. 이는 중국이 지향하는 방향을 분석해보면 쉽게 알 수 있다.

중국의 국방비 지출에 제일 민감한 나라는 일본이다. 중국의 위협론을 암시하면서 자국의 국방비를 급격하게 늘리고 있는 것이다. 즉, 중국이 제국주의로 갈 수 있으니 일본도 이에 대비해야 한다는 논리다. 이런 일본의 사고는 미국의 군수무기업자의 이해와 맞아떨어지고 미국의 자존심을 부추긴다. 일본의 군사력이 강화되면 미국은 걱정 안 해도 된다는 투의 주장도 같이 들린다. 이런 일본의 시각은 중국위협론을 강조하면서 다시 재무장을 하게 된다면 언젠가는 중국을 이기고 다시 아시아를 재점령하여 통치할 수 있으리라는 극우주의자의 시각으로 보인다. 제2차 세계대전 이후 아시아에 대해 진심으로 사과하지 않고 다시 제국주의로 가고 싶다는 이런 일본의 바람은 매우 위험한 생각이다. '중국과의 전쟁을 통하여 일본의 승리를 이끌고 다시 당당하게 살자'라는 친나치주의와 다를 바가 없다.

(2) 미국과 중국의 전쟁

중국과 미국이 경쟁적으로 발전하는 것은 당연한 일이다. 세계 제1위 국가가 되려는 나라와 그것을 방어하려는 나라는 치열하게 경쟁할 수밖에 없다. 그런데 경쟁이 심화된다고 전쟁이 일어날 수 있다고 가정하는 것은 억지 논리다.

미국과 중국이 전쟁을 하게 하면서 이득을 보려는 나라의 속셈일 뿐이다. 평화주의를 지향하고 전 세계의 평화로운 발전을 가져다 준 미국을 다시 제국주의로 나가라고 독려하는 것이다. 마치 미국·소련 긴장 때 소련과 전쟁해야 한다고 주장하는 것처럼 엉터리 사고다.

제2차 세계대전 이후 일본은 다시 세계무대의 주도권을 잡기 위하여 '일본 No.1'이라는 목표 아래 경제발전에 집중하였다. 그 결과, 1970년대부터 경쟁력을 갖게 되어 많은 무역흑자를 유지하게 되었고 외환보유를 토대로 세계의 기업들을 사들이기 시작했다. 그리고 경제발전을 위해서 전 세계의 광산, 목초지 등에서 원자재 확보도 열심히 했다. 그 결과 일본은 다른 국가와의 상호의존을 토대로 강국으로 복귀할 수 있었다.

그러나 일본의 국내시장 개방 노력이 부족하고 과도한 무역흑자를 몇 십년간 지속하자, 미국은 전 세계와 힘을 합쳐 일본의 수입 확대와 세계사회에 대한 기여를 요구하였다. 말로만 '하겠다'고 하고 실제 행동은 없는 일본 특유의 대응방식에 선진국은 한계를 느끼고 일본의 화폐가치 상승, 즉 엔화 강세를 유도하는 '플라자협정'을 1995년도에 맺게 되었다. 그 결과 일본의 과대한 무역흑자는 축소되었고 20년간의 장기침체를 겪게 되었다.

2000년 이후, 일본은 다시 부활하기 위하여 중국을 적으로 생각하면서 다양한 노력을 하고 있다. 그중 하나가 국방비 증대를 통해 강한 군대를 보유하는 것이다. 이 목적을 위해서 미국과 중국을 서로 적으로 상정해 전쟁위험을 강조하는 중국위협론을 적극 주장하는 것 같다.

중국의 경우, 1979년 개혁개방을 선언하면서 자본주의 시장원리를 도입하였고, 외국인의 투자를 적극 유치하며 발전해왔다. 중국의 현재 경제 시스템은 시장경제가 기본 원칙이며 앞으로도 이런 시장경제체제로 계속 발전할 것으로 보인다. 중국은 경제적으로 발전할 뿐만 아니라 군사적으로도 강국이 되고 있다. 그러나 군사강국이 된다고 해서 미국과 싸우려는 의지가 있다고 간주하는 것은 억지다. 이 사고가 정당성을 갖기 위해서는 중국이 그런 의지가 있느냐를 검토해서 확실한 증거가 나와야 한다. '아마 그럴 것이다'라는 사고로 평화를 깨고 다시 전쟁을 언급하는 것은 전 세계의 평화를 방해하려는 악意일 뿐이다.

(3) 자유민주주의와 시장경제체제에 대한 위협

중국이 강대국이 되면 자신의 방식대로 세계를 지배할 것이다. 그러면 서구의 자유민주주의 이념이 퇴색될 것이고 국가주의나 중화주의가 세계의 새로운 이념으로 대두될 것이다. 그래서 미국 등 선진강국이 지금까지 세계를 리드해왔는데 황인종인 중국에게 세계를 리드하게 해서는 안 된다.

이것은 중국의 위협을 강조하면서 서구 위주의 방식대로 끌고 가자는 '인종주의' 관점에서 본 위협론일 뿐이다.

중국의 '국가우선주의'와 '중화사상'에 대해서 서구 국가들이 일종의 공포감을 가지고 있는 것이다. 과연 이것이 사실일까?

첫째, 중국은 서구와 달리 개인보다 국가를 우선하고 있고 집단체제를 유지하고 있는 '국가우선주의' 국가다. 중국은 역사적으로 국가의 안정에 우선적인 가치관을 두었으며 전쟁이 없는 평화의 유지를 국민 개개인의 인권보다 더 중시하고 있다. 자국에서 전쟁이 일어나며 수많은 국민들이 죽었었기 때문에 국가에 강력한 권한이 있어야 평화가 유지된다고 생각한다. 따라서 민주적인 국가들끼리 나누어져서 서로 통일을 위해 싸우는 것보다, 다소 독재적이라도 강력한 하나의 국가가 있는 것을 더 선호하는 것 같다. 청나라 말기에 국가의 힘이 약해져서 서구 제국주의에 의해 중국이 침략을 받았기 때문에 다시 정신을 차린 중국은 국가의 힘을 강화시키는데 최선의 노력을 다하고 있지 않나 싶다.

중국의 외교정책을 살펴보면 미국과 달리 외국의 정치체제에는 민감하게 반응하지 않는 것처럼 보인다. 서구 국가들이 인권을 탄압한다고 경제제재를 하는 국가와도 중국에 이익이 될 것 같으면 적극적으로 협력한다. 아직까지 서양 국가들의 우려를 뒷받침하는 증거는 없다고 볼 수 있다.

세계에서 제일 중요한 것은 평화를 유지하고 전쟁을 막아서 모든 사람들이 평화롭게 사는 것이다. 모든 국가의 사람들이 다 하나의 생각, 개인적 자유주의를 가져야 평화롭게 되는 것은 아니다. 서로 가치관은 다르지만 전쟁이 나지 않고 조화롭게 사는 방법을 찾는 것이 전 세계인이 추구해야 할 최대의 목표이지, 모든 사람의 생각을 하나로 만드는 것을 목표로 삼아서는 안 된다. 모든 국가와 민족은 자신들의 가치관을 가지고 사는 것이 당연한 것이고 다른 국가나 민족도 나름대로의 가치관을 가지고 있다는 것을 인정하면서 살아야 한다.

둘째, 중화사상은 중국인이 우월하다고 생각하는 중국의 가치관이다. 중국은 문명의 중심이기 때문에 세계 각 국이 중국을 존경한다, 라는 사고가 중화사상이다.

"중국이 계속 세계의 중심이었으나 100여 년간 그 자리를 서양에게 물려주었다. 이제는 다시 과거의 영화를 되찾아야 한다. 중국이 잘 살게 되면 과거의 영광이 다시 돌아올 것이고 그렇게 되면 중국에 대한 세계인의 존경심이 되살아날 것이다."

간단히 말하면 이런 것이 중화사상이라고 할 수 있다. 그런데 중화사상이 있다고 해서 서구의 자유민주주의가 침해당할 것이라는 사고는 논리의 비약이다. 서양에는 중국이 최강국이 되려면 자유민주주의와 시장경제주의를 따라야 한다고 계속 말하는 사람이 있다. 중국에게 강요한다고 따르겠는가? 국가의 역사와 문화는 그 나라와 민족이 선택하는 것이고 가치관 역시 그 나라의 국민이 선택하는 것이다.

기독교가 융성해도 여전히 이슬람교도 유지되고 있고 불교도 유지되고 있다. 서로의 종교에 대한 이해가 깊어진다고 해서 자신의 종교를 포기하는 것은 아니다. 오히려 자신들의 문화와 가치관에 대해서 더 강한 애착을 갖는 것이 사람의 본성이다.

중화사상은 중국을 존경하고 중국의 가치관을 받아주면 되는 것이지, 다른 나라나 민족도 중국과 같은 생각을 하도록 강요하는 사상이 아니다. 자유민주주의도 제3세계의 많은 나라와 국민이 스스로 선택한 것이지 미국이나 서방제국이 강요해서 받아들여진 것은 아니다. 자유민주주의를 채택할 경우 장점이 많기 때문에 각 나라가 스스로 선택한 것이다.

시장경제체제는 중국이 개혁개방 이후 적극적으로 도입한 체제이며, 시장경제체제를 통하여 중국은 G2까지 성장하였다. 현재 중국의 기본적인 경제 시스템은 시장주의라고 볼 수 있으며, 시장의 실패가 우려되는 부분은 국가가 직간접으로 운영하는 혼합경제체제를 유지하고 있다. 향후에도 시장경제체제는 중국 발전의 기본 원칙으로 유지될 것 같다.

서양 국가들은 중국이 경제에 대한 국가의 권한이 강화되는 것을 우려하는 것 같다. 그러나 중국의 경우 아직도 1인당 GDP로 보면 1만 달러가 안 되는 중진국 수준이다. 1인당 GDP도 선진국 수준까지 올려야 하며, 땅이 넓기 때문에 앞으로 20년 이상은 개발 노력을 해야 제대로 경제가 발전된 국가가 될 것으로 보인다. 따라서 아직까지 중국 정부는 경제에 대한 국가의 통제가 선진국보다는 강할 수밖에 없다.

중국도 개방화 정책을 추진하면서 많은 규제를 완화하고 있고 공기업의 민영화도 적극 추진하고 있다. 다만 그 추진방식이 서구의 시각에서 보면 너무 느리고 공기업 민영화에서는 시장경제원칙과 다르게 운영되고 있는 부분도 있다. 이것은 중국의 경제발전단계와 국가에 대한 중국식 사고 때문인 것으로 보인다.

중국이 강대국이 되면 시장경제체제가 퇴색하리란 것은 아무리 찾아봐도 근거가 없는 주장일 뿐이다. 중국에 대한 막연한 공포, 이해의 부족으로 나온 근거 없는 위협론인 것으로 판단된다.

(4) 평등한 국민국가 개념에 대한 위협(조공제도)

현재의 국제관계 시스템은 베스트팔렌 체제로 이루어져 있으며, 강대국이 세계질서를 주도하고 있다. 평등국가 개념은 국제법상 모든 국가를 평등하게 대한다는 것을 의미하지, 실제로는 각 국가 간에 강력한 위계질서가 있다고 보아야 한다. 국제기구에서의 발언권은 각 국이 비용을 얼마나 많이 내느냐에 의해 결정되는 것이지, 1국 1표의 평등한 개념은 아니라 본다. 따라서 국제관계는 강대국이 주도하고 중소국가는 따라갈 수밖에 없는 것이 현실이다.

과거 중국의 조공제도는 주변국과의 관계를 평화롭게 유지하기 위한 하나의 시스템일 뿐이었다. 중국이 강대국이 된 지금 다른 국가에 그런 형식적인 예를 요구할 이유도 없고, 요구한다고 할 나라도 없을 것이다. 그런데도 조공제도를 언급하는 것은 중국이 부상하면 안 된다는 신념을 가진 사람들이 만든 제일 우스꽝스러운 말일 뿐이다. 중국의 조공제도를 들먹거리는 것은 중국을 비아냥거리는 것이다. 중국은 청나라 말기에도 서양 국가들이 황제를 만나려 하면 중국의 관습에 따라 '세 번 절을 하고 아홉 번 머리를 땅바닥에 조아리는 예'를 요구하였다. 그러니 조공제도가 부활한다고 하면 다시 그런 말도 안 되는 의식을 해야 할 것이라고 말하는 등 중국에 강한 거부감을 가지게 만들려는 것이다.

⑸ 소수민족의 분리운동으로 인한 중국의 붕괴

중국 경제가 발전하면서 시민의식 수준이 높아지게 되면 중국이 지금처럼 국민을 통제하기 어려울 것이라는 믿음 하에 중국이 분리 될지도 모른다는 우려를 표하는 것도 가짜 위협으로 생각한다. 특히, 신강이나 티베트의 분리운동 때문에 중국을 매우 불안정한 국가라고 보는 관점이 그렇다.

그러나 이것은 어떻게 보면 중국이 강대국이 되지 못하게 하려는 입장에서 심리적으로 공격하는 것과 같다. 중국의 국가우선주의와 정부의 공권력이 살아있기 때문에 이런 우려가 쉽게 나타날 것으로 보이지 않는다. 중국 정부가 해당 지역에 여러 가지 유화정책을 추진·시행하고 있기 때문에, 그 지역에 가보면 이 같은 우려의 근거를 어디에서 찾을 수 있는지 이해하기 어려워진다. 지금과 같은 추세로 간다면 적어도 20년 이내에는 분리를 우려할 사태는 오지 않으리란 것이 중국 전문가들의 공통된 의견이다. 오히려 20년 이내에 미국이나 일본이 지금과 같이 안정적이지 못하고 중국보다 더 큰 변화를 겪을 확률이 더 높은 것 같다.

이런 거짓위협을 계속 토론한다는 것 자체가 세계 평화에 무의미한 것으로 판단한다. 세계 평화가 유지되려면 각국이 안정적으로 발전하도록 도와주어야 하는데, 오히려 분리를 바라는 국가가 있다면 중국을 친구로 생각하는 것이 아니라 적으로 보는 것이다. 평화보다는 전쟁을 더 바라는 관점은 세계 평화에 해악만 된다. 한 국가의 내부문제는 그 나라가 선택하는 문제다. 좋아하지 않는다 고 그 나라가 분리되기를 바라는 것은 고려할 가치도 없는 생각이 다.

⑹ 중국의 영토분쟁과 주변국과의 전쟁 가능성

영토분쟁에 대해서도 너무 과장해서 해석하는 것 같다. 중국의 영토에 대한 끝없는 욕심은 말릴 수 없다고 비난하기도 하고, 전쟁 의지가 있는 것이 아니냐고 묻기도 한다.

그러나 강대국뿐만 아니라 약소국도 영토에 대해서는 양보하지 않는 게 모든 국가의 기본적인 속성이다. 국가의 기본 역할에 관련 된 국민의 자존심이 걸려있기 때문이다.

일본이 독도를 본인들 것이라고 주장하는 것을 한국과 전쟁하겠 다는 의지로 확대해석하는 것과 같은 엉터리 사고다. 마찬가지로 중국이 섬에 대한 영유권을 주장한다고, 전쟁이 일어날 것이고, 중 국의 의도를 확대해석하는 것은 억지다. 그렇게 해석하는 사람은 평화보다는 전쟁을 더 원하는 것으로서 세계 평화 유지에 암적인 존재다. 중국과의 전쟁을 대비하면서 자신의 이익을 얻으려고 하는 전쟁론자들의 사고일 뿐이다.

중국이 세계를 지배할 수 있는가?

영국의 마틴 자크 교수는 2009년에 쓴 《중국이 세계를 지배하면》이라는 책에서 세계가 중국이 지배하는 시대에 대비해야 한다고 주장한다. 중국의 부상은 미국이 중심이 된 서구 세계의 종말을 의미한다고 강하게 주장하였다. 이에 대해 미국의 데이비드 샴보 교수는 2014년에 쓴 《중국, 세계로 가다》라는 책에서 중국이 세계를 지배하는 건 아직 먼 이후의 일이라고 결론지었다.

필자는 이 두 책을 보면서 많은 생각을 하게 되었다. 제일 먼저 든 생각은 과연 중국이 세계를 지배할지, 언제 할지는 모르겠으나 확실한 것은 G2가 된 중국이 적어도 아시아에서는 최강국으로 활동하고 있다는 점이다. 또한 세계에 엄청난 영향을 미치고 있다는 사실이다.

필자가 보기에는 한국에서 많은 토론이 있었으나 '중국이 한국에 위협이냐 기회냐'에 논점이 맞추어져 있으며, 그 분야도 경제 분야에 집중되어 있었다. 최근에는 '중국의 경제발전이 한국에 더 큰 내수시장의 기회가 되니 적극 활용해야 한다'라는 사고가 지배적으로 보인다. 이것은 과거 '중국이 부상하는데 한국이 어떻게 경쟁력을 계속 유지할 수 있는가'에 논점이 집중됐던 것에 비하면 진일보한 것이다.

그러나 필자는 한중관계를 보는 눈이 한 단계 더 나아가야 한다는 생각으로 이 책을 쓰게 되었다. 즉, 중국에 대한 이해 없이 돈만 벌겠다는 생각은 시대착오적이라는 것이다. 이제는 중국의 가치관이나 문화를 이해하고, 정치체제도 이해해야 하는 단계에 접어들었다. 이 과정을 제대로 거쳐야 한중관계가 한 단계 더 나아갈 수 있다. 이웃국가인 중국의 부상에 따라 한국이 어떻게 행동하는 것이 최선인가를 찾기 위해서 중국에 대한 이해를 높이는 것이 시급한 과제다.

최근 일본에 대한 한국의 태도에 대해 미국이 불만을 표시하고 있는 것도 어떻게 보면 중국의 부상에 따라 우리나라 경제가 미국, 일본에 대한 의존도가 줄어들고 중국에 대한 의존도가 높아짐에 따라 생긴 현상으로 볼 수 있다. 경제를 정치와 분리하여 나아가려는 우리의 태도 즉, '안보는 미국과, 경제는 중국과 가려는 움직임'에 대해서 미국과 일본이 민감한 반응을 보이는 것이다. 또한 북한의 핵 문제 해결방안에 대해서도 미국의 입장과 중국의 입장이 다르기 때문에 한국은 정책노선을 선택해야 할 시기가 가까워지고 있다.

북핵문제를 풀기 위해서는 미국과 중국의 차이점을 우리가 더 명확히 이해해야 한다. 우리나라는 미국은 잘 이해하고 있으나 중국에 대한 이해도는 상대적으로 낮기 때문에 우선적으로 중국을 이해하는 것이 시급하다.

중국위협론은 미국이나 일본의 일부 시각일 뿐!

중국이 1978년 이후 고도의 경제발전을 이룩하자 1990년대에 '중국위협론'이 대두되었다. 이는 과거 일본이 전 세계 시장을 휩쓸게 되면 선진국의 모든 산업이 위험하다는 '일본위협론'과 비슷한 사고다. 그러나 중국의 경제성장에 따라 인건비가 상승하며 섬유, 신발 등의 공장이 다른 아시아 국가로 이전되면서 위협론이 많이 약화되었고, 2003년 이후 중국 내수시장이 급격히 커지면서 오히려 '세계의 시장'으로서의 기능이 강화되었다. 이제는 모든 나라가 적극적으로 중국과 비즈니스를 강화하고 있다.

2010년도에 중국위협론이 다시 대두되고 있다. 일본과 중국의 덴카쿠열도/댜오위다오 섬 분쟁이 심화되면서, 중국의 군사력 강화에 대해 일본이 자국의 군사력을 강화하려는 의도에서 다시 중국위협론을 강조하고 있는 것 같다. 일본 헌법에 자위권만 있기 때문에 미국을 설득하기 위해 중국위협론을 이용하려는 것으로 판단된다. 즉, 일본은 중국을 가상의 적으로 상정하는 것으로 군사력을 강화하려 하는 것으로 보인다.

중국이 경제가 발전하면서 군사력도 계속 강화하고 있는 것은 사실이다. 중국은 2만 2,000㎞의 국경선에 14개국과 접경하고 있으며 1만 8,000㎞의 해안으로 6개국을 마주보고 있다. 따라서 넓은 영토를 지키기 위해서 군사력을 강화할 수밖에 없다고 중국은 계속적으로 주장한다.

중국의 군사력이 강화되면서 일본은 매우 민감하게 반응하고 있다. 언젠가는 과거의 일본처럼 중국이 세계를 재패하려고 할 수 있다고 가상하면서 대비하는 것 같다. 강대국끼리 그렇게 생각할 수도 있긴 하다!

이에 한반도의 평화 유지를 위해서 한국은 다음과 같은 원칙은 유지하여야 한다.

첫째, 한반도가 강대국의 가상 위협에 대비한 시험장이 되어서는 안 된다. 한반도가 군사력의 충돌지역이 되어서는 안 된다. 전쟁의 아픔을 갖고 있는 한국은 또 다시 전쟁을 용인할 수 없다.

둘째, 실질적 위협이 아닌 가상적 위협, 상상적 위협에 대비하기 위해서 한반도의 군사력이 강화되는 것은 반대해야 한다. '안보 딜레마Security Dilemma'는 안보가 불안하게 느껴지면서 양쪽 다 군사력을 더 강화하고, 서로의 군사력이 강화되면서 오히려 전쟁 위험이 높아지는 딜레마를 말한다. 한반도가 안보 딜레마의 희생국이 되어서는 안 된다.

중국의 부상과 세계 각국의 입장

중국이 1978년 개방개혁 정책을 채택한 이후 높은 경제성장률을 이룩하자, 전 세계가 중국을 주시하기 시작하였다. 중국이 강대국으로 부각하면서 전 세계는 두 가지의 분야에서 영향을 받았다.

첫째, 중국이 '세계의 공장'이 되면서 중국산 소비재가 미국, EU, 일본 등 세계 시장을 석권하기 시작했다. 그 결과 선진국의 소비자들은 값싼 중국 제품의 사용으로 소비자 후생이 증가되었다. 국가적으로는 거의 대부분의 선진국이 중국과의 관계에서 무역적자가 발생하였다. 특히 미국의 시장이 제일 많이 개방되었기 때문에 미국이 가장 큰 대䤵 중국 무역적자를 기록했다. 그 결과, 중국은 대규모 무역흑자로 높은 외환보유고를 보유하게 되었다.

둘째, 중국의 경제성장으로 원자재 가격 상승이 초래되었다. 중국은 인구가 많고 원자재가 부족한 나라기 때문에 경제가 성장하며 안정적인 원자재 확보가 최우선적인 과제가 되었고, 외교의 목표 중 큰 부분을 차지하게 됐다. 여유 있는 외환보유액을 중요한 원자재 확보에 사용했기 때문에 호주, 중남미 등 자원 보유국들은 높은 경제성장을 유지하게 되었다.

이와 같은 영향력에 대해 중국을 바라보는 세계 각 국의 시각은 각각 다르다.

중남미와 아프리카의 경우 자원은 많지만 지역개발이 낙후되어 있고, 스스로 개발할 자금도 부족했다. 중국이 부상한 이후 중남미와 아프리카는 중국에 많은 원자재를 수출하게 되었고 사회 간접시설 건설도 중국으로부터 많은 지원을 받고 있다. 중국의 경우,

민주정부이거나 독재정권에 상관없이 중국에 원자재를 안정적으로 공급할 수만 있으면 경제협력을 강화하였다. 미국이나 국제기구와 달리 민주화를 요구하지 않자, 중남미와 아프리카 국가들은 이제 중국을 자신들의 주요한 파트너로 생각하고 있는 것 같다.

유럽의 경우 현재는 중국과 국경문제와 같은 특별한 현안이 없다. 따라서 중국 경제가 발전하자 유럽 국가들은 새로운 시장 기회로 중국을 적극 활용하려고 한다. 값싼 소비재를 중국에서 수입하고, 자신들이 경쟁력을 보유한 명품, 소비재, 화학, 의약 등의 분야에서 활발하게 중국 수출을 증대시키고 있다. 유럽의 경우 인권이나 부패 등의 부분에서만 중국에 대한 우려를 보이고 있다. 독일의 경우도 중국과 긴밀한 경제협력을 추구하지 중국의 부상에 대해서 큰 반감은 없어 보인다.

러시아의 경우, 중국과 공통의 이해관계를 가지고 있어서 비교적 중국과 잘 지낸다. 인도의 경우도 전통적인 고립주의의 영향으로 중국과 크게 마찰이 없다.

미국의 경우는 세계의 리더로서의 역할에 손상이 갈지 모른다는 측면에서 중국의 부상을 매우 경계하고 있는 것 같다. 일본의 경우는 중국위협론을 말하면서 군사 재무장의 기회로 중국을 활용하려는 움직임을 보인다. 결국 전 세계에서 중국의 부상에 대해 제일 우려를 표명하는 나라는 일본이라고 볼 수 있다.

조공제도의 명과 암

연암의 열하일기를 보면 조공을 갔다 오면서 겪은 수많은 이야기들이 있다. 한국 사람은 역사 시간에 중국에 대한 조공제도에 관해 들어봤을 것이다. 조공제도는 식민지가 종주국에 바치는 의례라고 배웠다. 그래서 필자도 일 년에 한 번씩 전국의 특산물을 모아서 떠나는 조공제도에 대해서 다소 부정적인 시각을 가졌다.

우연한 기회에 중국인과 조공제도에 대하여 토론을 하게 됐다. 필자는 우리가 힘들지만 특산품을 정성스럽게 가지고 갔다고 다소 부정적인 느낌으로 말했다. 중국인 친구는 오히려 조공제도로 한국이 훨씬 이익을 본 것이라고 말했다. 왜 그러냐고 묻자, 중국 관점에서 조공제도를 처음으로 들을 수 있었다.

"중국의 역사책을 보면 조공국에게 중국이 더 많이 환대해주었다고 적혀있다. 조공국이 1개를 가지고 오면 중국은 3배 이상을 주어야 했다. 대국의 체면상 국내가 어려워도 조공국에게 우선적으로 중국의 특산품과 하사품을 더 많이 돌려주었다. 가끔 중국에 흉년이 들거나 수해가 나면 그 해는 조공을 오지 말라고 했다."

충격적인 말이었다. 처음으로 전혀 다른 관점에서 조공제도에 대한 설명을 들은 것이다. 중국의 역사 기록을 찾아보면 금방 알게 될 것이라고 자신 있게 답해서 더 이상 되묻지 않았다.

그 이후, 조공제도에 대해 다시 생각해보기 시작하였다. 옛날 교과서에서 본 시아버지가 조공 갔다 와서 며느리에게 바늘을 준 고사가 생각났다. 며느리에게까지 바늘을 주었다면 답례품을 많이 받은 것은 사실이었나?

그러다가 영국의 마틴 자크가 쓴 《중국이 세계를 지배하면》이라는 책에 적힌 조공제도에 대한 평가를 주의 깊게 읽어보았다. 그는 조공제도가 동아시아의 국제 정치체제라고 중립적으로 기술하였다. 동아시아 국가가 중국이 우월하다는 것을 인정하면 초강대국인 중국과 해당 국가가 서로를 인정하고 묵인하는 안정적인 제도라고 주장하였다. 그러면서 유럽의 평등한 국가끼리는 지속적인 전쟁을 벌였으나, 동아시아에서는 국가 간의 지나친 불평등이 오히려 국가 간 안정을 가져오게 되었는데, 조공제도를 통해서 국가 간의 평화가 유지되었다고 말했다.

중국과 같이 가야한다고 필자가 말하면 "다시 중국에 조공을 바치란 말이냐?"라고 말하는 한국인이 꼭 있다. 그러면 필자는 다시 묻는다. "한국과 미국은 무슨 관계인가? 조공제도와 다른 국제시스템인가?" 현재의 베스트팔렌 조약에 따른 국민국가는 법적으로 평등하다는 것이지, 실제 현실에서도 국가 간에 평등한 관계로 유지 되는가? 국가 간의 시스템에 대해 다시 한 번 현실적으로 생각해봐야 한다. 대국과 중소국의 관계는 항상 그런 것인가?

진정한 차이나 리스크

진짜 차이나 리스크는 무엇인가

지금까지 미국 주도의 국제질서가 70년 이상 유지되어 왔다. 소련이라는 나라와 냉전체제를 1970년대 말까지 유지하였으나 1980년대 이후에는 사실상 미국 주도의 세계경제 질서가 유지된 것이다. 중국이 1980년대부터 경제발전을 시작한 이후 2000년대에 G2로 성장하게 되면서 미국은 새로운 강대국의 도전을 받게 되었다.

그러다보니 미국에서의 주된 토론은 중국이 미국을 능가할 것인가에 대한 논쟁이 되었고, 인종적이고 감정적인 측면도 강조되었다. 그러나 중국의 국가주도의 성장이 지속되고 있기 때문에 이제는 '진정한 차이나 리스크'를 검토해야 한다. 전 세계가 평화롭게 발전하기 위해서 어떤 시각과 관점에서 어떻게 행동해야 하는지를 진지하게 고민할 시점에 도달한 것이다.

지금까지 중국위협론은 전부 다 '자존심 싸움'이나 자국의 이익을 위해서 차이나 리스크를 이용하려는 '가짜 차이나 리스크'였다. 어떤 것은 인종차별적인 내용까지 포함하고 있어서 논의할 가치도 없는 편견도 있었다. 이제부터 진정한 차이나 리스크를 검토해보자. 세계 평화 유지를 위한 관점에서, 전쟁을 유도하려는 행동이나 사고가 진정한 차이나 리스크이다. 또한 중국이 G1으로 성장하였을 경우 최악의 사태가 생기는 것이 진정한 차이나 리스크이다. 앞으로는 다음과 같은 진정한 위협에 대한 토론이 이루어져야 한다.

① 중국에 대한 상호 이해부족으로 인하여 세계가 경제블록으로 나누어지면서 무역전쟁을 하는 것
② 중국이 제국주의가 되게 만들어 전쟁이 일어나는 것
③ 중국이 G1이 되어도 강대국으로서의 역할을 하지 않고 자기들끼리만 잘 사는 것(무관심한 중국)

(1) 세계가 경제블록으로 나누어져 무역전쟁을 하는 것

제1, 2차 세계대전은 제국주의의 식민지 쟁탈전이었다. 먼저 산업화한 영국, 프랑스 등이 아프리카, 라틴아메리카, 아시아를 점령하게 되자 뒤늦게 성장한 독일이 성장의 한계에 도달하였다. 새로

운 시장을 확보하고 원자재를 해외에서 수입하려 하자 기존 강대국들이 전 세계를 블록화하면서 세계전쟁이 시작된 것이다.

제1, 2차 세계대전으로 영국, 프랑스, 독일 등의 국력이 소모되면서 미국과 러시아가 강국으로 부상하였다. 서로 이념과 체제가 달라서 미국과 소련은 세계를 동서로 블록화하여 30여년을 경쟁하다가 소련이 붕괴되면서 세계는 미국 주도의 자유무역주의를 따르게 되었다.

중국이 성장하면서 전 세계에서 원자재 확보를 위한 자원전쟁이 시작되었지만, 미국 위주의 세계질서를 존중하면서 아프리카나 중남미 등 미국의 관심이 적은 국가로부터 원자재를 확보해왔기 때문에 큰 문제없이 20년은 지나왔다. 미국의 금융위기 이후, 2009년 선진국 전체에서 금융문제가 발생하였는데 중국은 계속 7% 이상의 성장을 하면서 2010년 G2가 되었다.

가짜 차이나 리스크는 대부분 중국에 대한 이해부족과 편협한 자존심 때문에 생긴 것이다. 따라서 전 세계는 중국에 대한 이해를 더욱 높여야 하며 중국도 세계가 중국을 오해하지 않도록 적극적인 역할을 강화해야 한다. 이렇게 해서 서로에 대한 적대감이 생기지 않아야 과거와 같은 세계의 블록화를 막을 수가 있다. 세계가 블록화 되면 평화 유지보다는 자신의 블록에 대한 이익 극대화가 우선적인 관심이 되어 '뺏으려는 국가'와 '뺏기지 않으려는 국가'와의 경쟁으로 전쟁이 발발할 가능성이 높아지게 된다. 따라서 세계 경제의 블록화를 유도하는 행동이나 관점을 막는 것이 진정한 위협을 없애는 것이다. 전 세계는 지금과 같은 자유무역주의가 원활하게 유지될 수 있도록 서로 대화와 협력을 통하여 각종 무역 현안 등을 평화롭게 해결해 나가야 한다.

(2) 중국이 제국주의가 되게 만들어 전쟁 발생

가짜 위협에 대한 대처를 각 국이 강화하게 되면 중국이 고립화될 수도 있다. 중국이 자체적인 돌파구를 가지고 나아간다면 괜찮겠으나 돌파구가 없을 정도로 몰아친다면 중국도 최후의 수단을 생각할 수도 있다. 미국을 비롯한 전 세계는 이러한 상황이 생기지 않도록 주의해야 한다.

특히, 일본의 행동에 대해서는 예의주시해야 한다. 중국의 군비 증강을 일본에 대한 위협으로 삼아 일본의 군사력을 강화하려는 움직임이 문제다. 아시아에서의 평화를 유지한다는 명분하에 오히려 긴장을 높이는 방향으로 가고 있기 때문이다. 일본의 경우와 달리 아시아 국가들은 중국과의 협력을 강화하고 있다. 아시아 국가들은 아시아에 대한 일본의 기여가 중국보다 더 크다고 생각하지도 않고, 아직까지 제2차 세계대전 때의 아픔이 남아있기 때문에 일본보다는 중국으로 다가가는 것 같다.

어떤 이유에서든지 전쟁이 일어난다는 것은 세계 평화 유지에 큰 타격을 준다. 더구나 최강대국끼리 전쟁을 한다는 것은 70년간 지켜온 자유무역주의와 평화주의가 깨지는 것을 의미하기 때문 최선을 다해서 이런 상황이 오지 않도록 전 세계는 노력해야 한다.

① 일본과 다른 중국

중국이 경제 대국이 되면서 아시아 대부분의 국가는 중국에 대해서는 우호적인 시각을 가지고 있다. 아시아에서 중국에 부정적인 시각을 가진 나라는 일본밖에 없다 해도 지나친 말이 아니다.

일본의 경우 제2차 세계대전 때인 1940년대 '대동아공영권大東亞共榮圈'을 외치면서, 아시아는 아시아끼리 발전해야 한다고 주장하면서 동남아시아의 상당 부분을 점령하였다. 제2차 세계대전 이후 동남아시아 국가들은 경제를 발전시키기 위해서 다시 일본의 자금과 기술에 의존해야 했다. 일본이 아시아의 경제발전에 공헌을 한 것은 사실이나 아시아 국가의 관점에서 보면 '약탈적 개발론자'일 뿐이다. 또한 일본은 정치·심리적으로 아시아 국가의 감정을 제대로 달래주지 못했다.

독일의 경우 제2차 세계대전 때 유태인 학살에 대해 끊임없는 사과를 하면서 경제개발을 이룩하였고, 동서독일의 통일도 이루어냈다. 그러나 일본의 경우 제2차 세계대전 때 아시아 점령지에서의

야만적인 행동에 대해서 사과보다는 은폐와 변명을 주로 하였다. 그래서 아시아에서는 일본의 심리적 영향력이 제한적일 수밖에 없다. 또한 경제적으로도 일본 국내시장을 아시아는 물론 전 세계에 실질적인 개방을 하지 않았기 때문에 아시아 국가에 대해 우선적인 혜택을 주고 있다는 느낌이 들지 않는다.

중국의 경우 동남아시아와의 협력을 강화하기 위해서 1992년 아세안과 FTA를 체결하였고, 중국과 아세안 간의 무역규모는 해마다 높게 신장하고 있다. 아시아의 발전을 위해 중국이 자국 시장을 아시아에 개방했다고 볼 수 있다. 중국에 대한 아시아 국가들의 투자, 수출, 수입의 비중은 계속 높아지고 있다.

중국은 일본에 침략당한 역사를 같이 공유하고 있으면서 아시아 국가들과의 협력을 계속해서 강화하는 노력을 하고 있다. 따라서 아시아 국가들은 일본보다는 중국에 대해 더 좋은 감정을 가질 수밖에 없다.

중국이 동아시아의 강국으로 복귀하는 것과 관련해 아시아 국가들이 중국을 주요한 경제협력 파트너로 선택하는데 큰 반감은 없는 것 같다. 특히, 1997~1998년 한국과 동남아시아의 경제위기 때에 미국 등 선진국이 이 기회를 서구에 유리하게 이용하려고 하였으나, 오히려 중국은 아시아 국가들의 경제회복을 지지하는 방향으로 정책을 실시한 것이 아시아인의 마음을 얻기 시작한 계기 같다.

② 일본에 대한 미국의 잘못된 관점들

하나, 일본이 다시 군사대국이 될 가능성은 있지만 일본에서 군국주의가 부활될 가능성은 없다는 생각이다.

일본은 독일과 다르다. 독일은 세계전쟁 이후 평화주의를 선언하고, 과거의 행위에 대해 항상 사죄하며 다시 그렇게 행동하지 않겠다는 의사도 계속 표명하고 있다. 그래서 독일의 뜻과 마음을 전 세계가 다 이해하고 있다.

일본의 경우 끊임없이 신사참배를 하면서 군사대국이 되기 위한 준비를 하고 있다. 신사참배를 계속 한다는 것은 과거의 군국주의에 대해 향수와 동경을 가지고, 다시 힘이 갖추어지면 군국주의로 갈 수도 있다는 마음을 공개적으로 선언하는 것이다.

총리가 바뀔 때마다 과거사에 대한 일본의 사죄를 요구하는 것은 군국주의에 대한 아시아 국가들의 불안한 마음 때문이다. 그때마다 일본은 과거의 전前 총리가 다했는데 또 해야 하느냐고 반문한다. 일본을 못 믿겠느냐고 하면서 마지못해 다시 사과를 하고 나서 또 신사참배를 하러 간다. 아시아인들의 관점에서 보면 "제가 할 수 없이 그렇게 말했을 뿐입니다. 다시 제국주의로 끝없이 가겠으니 조상님들은 저의 마음을 믿어주십시오"라고 맹세하는 행위를 의미할 뿐이다. 일본의 마음을 믿을 수가 없다.

중국이 부상하자 줄기차게 중국위협론을 말하면서 미국을 설득하여 군대를 강화하고 있다. 일본은 중국의 위협론으로 일본이 재무장해야 아시아의 평화가 유지된다고 말하지만, 아시아인들에게는 재무장하기 위하여 중국을 이용하려는 것으로 보인다.

아시아의 평화를 유지하고 싶으면 중국과 어떻게 협력하여 나아가야 할지를 토론해야지, 군대를 재무장하면서 아시아 국가에게 '중국편이냐 일본편이냐'라고 묻는 행위는 전쟁을 하겠다는 마음을 적나라하게 나타내는 것이다.

계속 중국이 일본을 압박해서 전쟁에 대한 대비가 불가피하다고 말하는 일본의 주장을 미국 등의 국가에서는 그럴 수도 있다고 받아들일 수 있다. 그러나 아시아의 시각에서 보면 중국에 대응할 수 있는 군사력을 보유한 뒤 전쟁을 하겠다는 군국주의의 부활의지로 보일 뿐이다. 중국과 싸워서 이길 정도의 군사대국이 되기 전까지 일본은 군구주의에 대해서 감추겠지만 군사대국이 되고나면 다시 자국의 이익을 위해 무엇을 할지 모르는 나라가 일본이다. 이것 또한 '힘을 기르기 전까지는 아무 말도 안하고 힘을 길러야 된다'는 일본문화에서 유래된다.

둘, 일본 국민이 싫어하기 때문에 일본은 과거의 군국주의로 갈 수 없다고 생각하는 것이다.

일본은 미국과 달리 '집단주의' 국가다. 집단의 뜻이 우선이고 집단을 위해 필요하다면 개인은 희생되어야 한다는 사고가 핵심이다. 따라서 일본의 일부 국민이 싫어해도 집단이 군국주의를 선택하게 되면 모든 국민이 다 따라야 한다.

반일 데모가 심해지고 일본에 대해 부정적인 세계 여론의 흐름이 생기면 항상 일본의 개인들이 나선다. 일본의 과거에 대한 사죄를 하면서 일본은 그런 뜻이 없으니 걱정하지 말라고 나선다. 이런 행위는 개인주의를 믿는 미국에서는 효과가 크다. 미국은 일본인이 말하는 대로 믿을 수 있으나, 집단주의가 뭔지를 아는 아시아 국가들은 또 한 번의 '입막음'을 위해 일부 개인들을 이용하여 잠시 '쇼'하는 것이라는 걸 안다. 잠시 그렇게 하고 이번 파도만 넘기면 다시 군국주의로 가겠지!

일본은 집단주의 성향이 매우 강하여 개인은 집단의 흐름에 거역할 수 없다. 1990년대의 엔고高에 대해서 국민들은 그것을 받아들이고 어떻게 하면 이것을 극복할 수 있는가에만 집중했다. 일본 경기가 계속 저성장이어도 어떤 개인도 플라자협정을 비난하면서 다시 환율정책을 독자적으로 실시하자고 데모하지 않았다. 일본이란 집단이 결정한 의사결정을 개인이 뒤집을 수 없는 나라다. 그래서 일본의 경우에는 데모가 심하게 나타나지 않는다.

일본의 자위대 문제나 군국주의 문제가 국제사회에서 문제가 되어도 일본 정부는 입장을 계속 고수한다. 그렇게 정부가 욕을 먹고 있으면 시민이나 개인, 단체들이 일본의 정책에 반대한다고 일본 내에서 데모를 한다. 일본은 그럴 의지가 없으며 우리가 개인적으로 사죄하니 국가도 사죄해야 한다고 말하면서 태풍을 잠시 잠재우는 '좋은 경찰'의 역할을 한다. 태풍이 잦아들고 나면 정부는 다시 제국주의를 향한 일에 더 집중하게 된다. 좋은 경찰은 일반시민이, 나쁜 경찰은 정부가 역할을 하면서 계속 군사강국이 되기 위한 길로 나아가고 있다. 전 세계는 더 이상 이런 일본의 '좋은 경찰, 나쁜 경찰'의 술수에 속아서는 안 된다. 세계에서 집단주의가 제일 강한 나라가 일본이라는 것을 잊어서는 안 된다.

셋, 아시아는 일본에게 맡기면 평화롭게 발전할 수 있을 것이라는 생각이다.

일본문화의 특징 중 하나가 '집단의 이익을 보호하기 위해 모든 조직원이 목숨을 바칠 수도 있는 사무라이 정신'이다. 사무라이 정신의 특징은 다음과 같다. 모시는 사람을 위하여 목숨을 바친다. 자신의 영역에 대해서는 철저하게 지킨다. 이 정신은 지금도 계속 지속되고 있다.

일본은 제2차 세계대전 때 미국에 의해 패하면서 미국을 주군으로 모시고 있다. 모든 미국의 의사를 아무리 힘들어도 다 맞춰주니 미국은 일본을 신뢰할 수밖에 없다. 미국이 일본에게 아시아의 평화를 위해 군대를 강화하는 것이 필요하다고 말하면 일본은 무조건 그 뜻을 향해 나가야 되고 현재 그렇게 나가고 있다.

미국이 이해하지 못하는 것은 '사무라이의 영토 내에서 사무라이들이 어떻게 행동하고 있는지'를 모른다는 점이다. 주군의 명령이 시행되도록 그 지역의 주민들을 회유하거나 협박하면서 주군의 의지에 따르게 만드는 것이 사무라이가 해야 할 일이다. 그래서 주군에게는 말하지 않고 필요하다면 일반주민의 추방 내지 살인까지도 서슴지 않고 하는 경우도 종종 나타났었다.

즉, 미국이 일본에게 아시아의 평화를 맡긴다면 일본은 평화를 유지하기 위하여 필요한 경우에는 전쟁도 할 수 있는 나라다. 전쟁에 승리하면 일본이 그 지역을 통치하고 전쟁에 실패하면 자결하는 사무라이 정신을 가진 일본을 미국은 다시 생각해야 한다.

넷, 일본이 계속 아시아 국가를 발전시킨 것은 일본이라고 말하면서 아시아 국가가 그 역할에 대해 제대로 평가해주지 않는다고 불평하는 것이다.

과거에 일본이 아시아를 지배하면서 많은 공장을 세운 것은 사실이다. 제품을 만들어내는 기술을 가르쳐준 것도, 전후에 각 나라가 그 경험을 이용하여 경제발전에 사용한 것도 사실이다.

그러나 그때 공장을 세워 제품을 만든 것은 일본의 군국주의 체제를 유지하기 위한 것이었지, 그 국가를 위해 발전시킨 것은 아니다. 공장에서 생산된 제품을 이용하여 군수물자 등을 공급하는 과정에서 현지의 값싼 노동력과 자원을 착취한 것일 뿐이다.

"일본이 없었으면 전후에 경제성장을 못했을 것이니 각 국은 일본에 대하여 오히려 고마워해야 한다"고 주장하는 것은 말도 안 된다. 서구 열강이 후진국에 플랜테이션 농장을 세우면서 모든 원자재를 가져가 놓고 플랜테이션 농장 기술을 배웠으니 오히려 그 국가에 농장을 세운 것을 고마워해야 한다고 주장하는 것과 같다. 또한 아프리카의 흑인들을 잡아 노예로 쓰면서 자기들이 그렇게 하지 않았으면 굶어죽었을 터이므로 노예로 써준 농장 주인들에게 고맙게 생각해야 한다는 논리와 다를바 없다.

말도 안 되는 논리를 내세워 아시아 국가의 개발을 일으킨 아버지 같은 존재이니 일본을 존경해야 하는데 오히려 비난하고 있다고 배은망덕하다며 큰소리치는 일본은 '악덕 개발업자, 약탈적 국가'일 뿐이다.

전후에 일본의 행태를 살펴보자. 아시아 각국이 경제개발에 돈과 기술이 필요하다고 하니 전쟁의 모든 잘못을 덮어주는 대가로 작은 돈과 기술을 제공하였다. 일본시장은 계속 폐쇄적으로 유지하면서 그때 도움을 받았으니 일본을 존경해야 한다고 다시 말하고 있다.

일본의 부품소재를 끝없이 팔아먹을 수 있는 체제로 만들어놓고 일본이 없으면 다른 나라가 망하니 일본에 감사해야 한다고 자랑스럽게 말하였다. 전 세계가 일본의 부품소재를 적잖게 사용하는 체제로 나가면서 이렇게 말하는 일본인은 이제 없는 것 같다.

오로지 돈만을 기준으로 다른 국가도 평가하는 일본인은 확실한 '경제동물'인 것 같다. 돈만으로 국제관계를 보는 일본은 아시아의 리더 국가가 될 수 없다.

다섯, 일본의 재무장은 동아시아의 평화와 안정을 위협하고 궁극적으로 미국에게 부메랑이 될 수 있다는 것을 모른다.

미국이 전 세계를 자기들 뜻으로 끌고 갔지만 이제 중국도 미국과 같은 강대국의 형태로 움직이고 있다. 중국이 부강해지면서 미국이 중국의 부상을 인정하고 두 나라가 세계의 발전을 위해 협력안을 찾는 것이 제일 시급한 과제다.

중국이 미국을 능가하는 초강대국이 되는 것은 아직도 먼 뒷날의 이야기지만, 미국과 중국이 잘 지내야 한다는 것은 누구나 동의하는 방향이다.

일본이 재무장을 위해서 중국의 위협을 강조하는 것은 아시아는 중국이 이끌 수 없으며 일본이 이끌어야 한다는 사고 때문인 것 같다. 군사대국이 되기 위하여 미국과 중국이 친구가 되는 것을 막으려고 하는 것도 큰 요인으로 보인다. 중국과 미국이 친구가 되면 아시아에서 일본의 역할이 작아지기 때문에 중국을 미국의 가상의 적으로 만들기 위해 미국을 설득하고 있는 것이다. 남중국해의 분쟁을 사유로 중국위협론을 강하게 부각시키면서 군사대국으로 가는 길을 숨 가쁘게 준비하고 있는 것이다. 일본이 영토에 대한 중국의 탐욕이 제국주의로의 길이라고 주장한다면 일본도 제국주의를 신봉하는 나라라는 것을 스스로 인정하는 것이다. 즉, 한국의 독도에 대한 탐욕을 끊임없이 말하는 일본, 그리고 군대를 강화시키는 일본! 제국주의임에 틀림이 없는 것이다.

미국은 동아시아의 평화와 안정을 해치는 중국과 일본의 분쟁이 전쟁으로 가지 않도록 적극적인 역할을 수행해야 한다. 그리고 중국과 친구가 되어 아시아의 평화를 유지하기 위한 최선의 방안을 찾아야 한다. 이것이 진정으로 아시아의 평화와 발전을 위해 미국이 해야 하는 역할이다.

③ 일본보다 중국과의 경제협력을 강화하는 아시아 국가들

일본의 경우, 1868~1912년 메이지 유신을 이룩하여 서구의 문명을 제일 먼저 받아들이면서 강국이 되었다. 서구를 따라 잡기 위하여 아시아에서 탈피하여 서구의 가치관도 급속도로 받아들였다. 제2차 세계대전 후 미국의 보호 아래 일본은 다시 한 번 경제를 재

성장시켰다. 그 결과 1950~1970년대 고속성장을 달성하였고 1980
년대에는 1인당 GDP가 미국, 유럽과 같은 수준이 되었다. 그러나
1990년대에는 경제가 성숙되면서 버블이 붕괴되어 20여년의 장기
침체를 겪고 있다.

중국이 1990년대부터 강국이 되면서 아시아 지역의 맹주로서 다
시 움직이기 시작하자 일본은 매우 당황하기 시작하였다. 아시아
를 다소 경시하고 서구만 쫓아가다가 다시 아시아로 눈을 돌려보
니, 아시아의 대부분 국가들이 중국과 협력을 강화하는 것을 막을
수가 없었기 때문이었다.

그동안 일본이 아시아 국가에 대해 자본 및 기술을 전파하여 경
제개발에 기여한 것도 있지만, 다른 한편으로 경제적인 면만 고려
하며 정치나 심리적인 면에서 적극적으로 대처하지 않았다. 아시아
국가들이 경제발전을 어느 정도 달성하고 나서부터는 일본에 대해
중립적인 관계를 유지하려고 하다가, 중국이 부상하니 중국 쪽으
로 가게 된 것이다. 경제적인 면에서도 일본은 자국 시장을 외국에
열지 않았고, 일본의 이익을 더 우선시했기 때문에 아시아 국가들
이 일본에 큰 혜택을 받았다고는 느끼지 않는 것 같다.

중국은 1990년대 초반에 한국, 싱가포르, 인도네시아, 베트남
등과 외교관계를 수립하였다. 그리고 아세안과의 자유무역협정을
1992년부터 2010년까지 추진하였다. 1997년 아시아 국가들이 금

융위기를 겪고 있을 때에도 중국은 적극적인 역할을 하였다. 그 결과 싱가포르 같은 경우는 중국에 매우 고마움을 느끼고 있다. 이렇게 아시아 국가들과 중국이 긴밀한 관계로 나아가는 데에는 화교들의 힘이 큰 역할을 하였다.

중국의 시장규모가 일본의 3배가 넘는 지금, 갈수록 많은 아시아 국가들이 중국과 더 밀접한 관계를 유지하려고 한다. 1세기에 걸친 굴욕의 시기 동안 일본에게 아시아를 빼앗겼지만 이제 중국은 다시 아시아의 초강대국으로서의 지배를 회복한 것이다.

(3) 국제정세에 무관심한 중국

중국을 고립시켜서 견제하는데도 중국이 자신의 힘으로 G1이 된다면, 이후 중국이 국제문제를 전혀 신경 쓰지 않고 강대국으로서의 역할도 하지 않는다는 것이다. 이것도 최악의 시나리오다. 무역과 상호의존을 통하여 강대국이 되었는데도 국제사회에서의 역할을 하나도 안 한다면 세계적으로 매우 불행한 일이다. 여전히 강대국이 힘을 합쳐서 못사는 나라들의 경제발전을 도와주어야 하나, 이득만 보고 책임은 지지 않으려 하면 나머지 국가들의 불만이 높아지면서 세계의 평화로운 발전이 유지되기 어렵게 된다.

동양문화 중 하나의 문제점은 이웃이 내가 고생할 때 도와주지 않았다면, 내가 잘 살게 된 뒤 그 이웃이 고생하더라도 그냥 보고

만 있고 도와주지 않는다는 것이다. '내가 스스로 극복했으니 그들
도 스스로 극복해야 한다'고 생각하면서 도와줄 수 있는 여력이 있
어도, 도와달라고 해도 도와주지 않는 것이다. 중국이 힘들게 혼자
힘으로 강대국이 되면, 그동안 보고 방해만 하던 주변 국가는 어
려워져도 중국의 지원을 기대할 수 없다.

동양문화 중 또 다른 문제점은 어느 정도 안정을 찾게 되면 더
이상 나아가지 않고 자기들끼리만 즐기면서 산다는 것이다.

서양의 경우, 항상 진취적인 자세를 가지고 있으며 어느 정도 성
과를 이루면 다시 새로운 곳을 찾아가는 모험심을 유지한다. 따라
서 외부의 자극이 없어도 스스로 계속 활동적으로 움직이는 서양
과 달리, 동양의 경우에는 외부의 자극이 있어야 계속 움직이게 되
며 더 이상 나아갈 필요가 없을 때에는 현실에 안주하려는 성향이
매우 높다.

세계가 평화롭게 지내기 위한 동양의 역할이 있다. 한편 계속 발
전하고 전진해야 할 사회 분야에서는 서양의 관심이 더 크고 활동
도 많다. 따라서 전 세계가 평화적인 발전을 계속하려면 동양과 서
양이 서로 힘을 합쳐서 같이 나아가야 한다.

세계가 나아가야 할 방향

세계 평화 유지를 위한 과제

(1) 세계 평화라는 최고의 우선가치

평화주의가 모든 국가의 행동 중 최고의 우선가치가 되어야 한다. 모든 행동들은 전쟁을 향한 움직임으로 가서는 안 된다. 전쟁의 경우 수많은 사람들의 희생이 생기며, 전쟁의 상처도 오랫동안 지속된다. 아직도 한국에는 6·25 전쟁의 상처가 남아있다. 또한 모든 경제적 자원도 무기개발과 전쟁수행에 집중된다. 사회의 모든 자원이 소모적이고 파괴적인 분야에서 사용되며 없어지는 것이다. 물론, 일부 이익을 받는 그룹들도 있다. 무기상, 생필품을 팔아먹는 국가들이 그것이다.

지도자들의 자존심을 지키기 위해서나 지도자들의 일그러진 이익을 위해 수많은 사람들이 희생되는 전쟁은 다시는 일어나지 않아야 한다. 평화를 지키기 위해서는 전쟁의 가능성을 높이는 사고나 행동에 대해서는 적극 반대해야 한다.

실제위험Real Threat이 없는데도 일어날 가능성이 있는 최악의 시나리오를 상상하여 상상 속의 위협Imagined Threat에 대비하는 것도 말이 안 된다. 평화를 지키기 위하여 절대 우위를 가지는 군사력을 보유해야 한다고 주장하는 사람도 있다. 그러나 역사에서 나타나듯이 절대 우위의 군사력을 보유하게 되면 개인의 영웅심 때문에 전쟁을 일어날 가능성이 더 높아진다. 한 나라가 군사력을 증가시키면 상대국도 대비하면서 경쟁이 심해지며 오히려 평화 유지보다는 긴장감만 높아지는 현상인 '안보 딜레마'가 나타나게 된다. 이런 현상들이 나타나지 않게 모두 노력해야 한다.

(2) 다른 체제와 가치관에 대한 관용의 자세

우리와 다른 체제라고 해도 그 나라 민족의 발전을 위하여 그 나라 국민이 선택했고 큰 문제가 없다면, 그 체제도 인정해야 한다. 어떤 체제이든지 국내의 평화를 유지하고 국민들이 행복하게 살고 있으며 전쟁을 가져오지 않는다면, 그들의 체제가 우리와 달라도 인정해야 한다. 그러나 그들의 '행동'이 전쟁을 유도하고 있다면 전 세계가 연합하여 그 행동을 막아야 한다. 이때 주의할 것은 필요한 최소한의 조치만 취하는 것이다. 상상가능한 모든 상황에 대비한 최대한의 조치를 취해서는 안 된다.

다른 가치관을 가지고 있어도 그것은 그 나라의 역사와 경험 속에서 그 나라의 민족이 선택한 것이다. 전쟁을 유발하지 않고 평화로운 세계를 지향하는데 반대가 되지 않는다면 가치관의 차이도 서로 인정해야 한다. 어느 가치관이 틀렸다고 주장하는 것은 우리의 가치관이 절대적으로 옳다는 확신이 있을 때에만 가능한 일이다. 그 가치관의 일부가 틀렸다고 생각되어도 전체를 부정해서는 안 된다.

다른 가치관이 있어야 인류는 계속 발전하게 된다. 전 세계가 하나의 가치관으로 이뤄져야 한다고 주장하는 것은 독선이고 오만이다. 서로 다른 가치관을 가진 나라들이 힘을 모아서 나아가야 인류가 발전하는 것이다. 모든 것에는 다 좋은 점과 나쁜 점이 있다. 그렇기 때문에 가치관끼리 장단점을 보완해야 더 좋은 세계가 되는 것이다. 다양성 속에서의 발전이 진정한 발전이다.

(3) 국가주권을 인정하는 태도

다른 가치관과 체제를 포용하기 위해서는 '국가주권'을 인정해야 한다. 대부분의 차이가 국가 단위로 비교되기 때문에 그 나라의 다른 가치관과 체제를 현실적으로 인정해야 한다. 개인이 다른 가치관을 가지듯이 국가도 다른 체제를 가질 수 있다.

모든 국가는 나름대로 독특한 역사를 가지고 있으며 문화도 각각 다르게 발전하였다. 국가가 없어지고 모든 국가가 하나가 될 수 있다고 가정하는 것은 환상이다. 일단 언어가 다르고 민족이나 국민의 신체적 조건도 다르다. 사람들의 가치관과 태도도 국가마다 차이점이 있다. 차이를 인정하기 위해서는 국가의 주권도 인정해야 한다. 각 국가는 국민이 발전하는 방향을 선택할 수 있는 권리가 있는 것이다. 이것이 국가주권이다.

현실세계에서는 미국 주도의 자유민주주의가 전 세계의 지도이념이 되고 있다. 그럼에도 불구하고 각 국가는 자국의 언어를 여전히 사용하고 있으며, 가족에 대한 다른 관점과 다른 종교를 지니고 살아간다. 이처럼 다른 국가에 대한 존중심이 있어야 국제평화가 유지되는 것이다. 우리와 다른 체제라도 국제적인 평화 유지에 방해가 되지 않는다면 인정하고 같이 가야 한다. 그렇다고 모든 행동을 포용하는 것은 아니다. 평화 유지에 반하는 행동에 대해서는 단호하게 경고하면서 평화를 사랑하는 국가끼리의 연합을 통하여 안 좋은 행동을 고칠 수 있게 공동으로 대응해야 한다.

(4) 세계의 평화발전을 위한 인종화합
전 세계는 피부색에 따라 크게 백인종, 황인종, 흑인종으로 나뉜

다. 인종 간에는 우선시하는 가치관의 차이가 있으며 생활습관이나 방식도 다르다. 어느 인종이 우월하다고 보기는 어렵다.

동물의 세계를 생각해보자. 아프리카의 초원에서는 사자가 왕이지만, 산림지역에서는 호랑이가 사자를 이긴다고 말한다. 하이에나나 재규어, 독뱀, 전갈 등 무서운 동물은 매우 많다. 하늘에는 독수리, 바다에는 상어가 있다. 생존을 위한 투쟁의 관점에서 보면 사자나 호랑이가 최고 같기도 하다. 그러나 이런 맹수들 중 어느 동물이 제일 우월한 동물이라고 말하기는 매우 어렵다.

사자나 호랑이는 육식동물이라서 다른 동물을 잡아먹고 살지만 사냥 대상은 대개 얼룩말, 사슴, 토끼 등이다. 덩치가 큰 곰이나 코끼리는 사냥하기 힘들다. 제일 덩치가 큰 동물은 코끼리인데 코끼리는 초식동물이다. 물소도 사납지만 초식동물이다. 서로의 식습관에 따라 초식동물인지 육식동물인지를 구별하는 것이지, 어느 동물이 더 세다고 말하기 어렵다. 어느 동물이 더 우월하다고 단정지을 수 없는 것도 마찬가지다. 독수리와 사자 중에서, 코끼리와 재규어를 중에서 어느 동물이 더 우월하다고 말할 수 있는가?

바다에서도 마찬가지다. 상어가 제일 무섭지만 상어가 고래보다 우월하다고 말할 수 없다. 바다에도 다양한 생물이 살고 있다. 멸치나 해마같이 아주 작은 동물도 살고 해파리도 살고 있다. 다양한 동물이 바다 속에 살고 있는 것이지 어떤 한 동물이 바다의 제왕이라고 말할 수 없다.

다른 한편으로는 꿀벌이나 나비는 원하는 것을 꽃에서 얻으면서 살지만 꿀벌이나 나비가 없다면 식물들은 꽃을 피울 수 없다. 식물 세계에서 보면 제일 유용한 동물은 사자나 호랑이가 아니라 꿀벌과 나비일 것이다. 그렇다면 사자와 꿀벌 중에 누가 더 우월할까? 비교할 수 없는 것을 비교할 뿐이다.

인류도 마찬가지라고 생각한다. 피부색으로 사람을 나누고 지금 제일 잘 사는 인종이라고 해서 다른 인종보다 우월하다고 단정할 수는 없는 것이다. 인류의 발전을 위해서는 모든 인종이 힘을 합쳐서 노력해야 최상의 결과가 나올 수 있다.

백인들의 진취성, 과학기술에 대한 탐구 성향은 매우 좋은 점이다. 황인들은 평화 유지, 가족지향적인 점에서 장점이 있는 것 같다. 흑인도 가족과 평화를 중시하는 좋은 점을 가지고 있다. 서로의 단점을 보완해주어야 더 평화로운 세계가 될 것이다.

이제 인류는 어느 종족이 더 우월한지에 대한 싸움을 중지해야 한다. 어느 국가가 더 우월하다는 관점도 버려야 한다. 세계의 평화를 유지하기 위하여, 그리고 평화 속에서 인류가 계속 발전하기 위해 서로 협력해 나가야 한다. 그리고 평화에 방해되거나 평화를 깨려고 하는 세력에 대해서 하나로 뭉쳐서 대응해야 한다. 인류는 세계의 평화를 최고의 가치판단 기준으로 삼아 나가야 한다.

세계의 평화발전을 위한 미국과 중국의 화합

(1) 중국은 미국과 다른 강대국이다

중국은 1970년 후반부터 시장주의 경제제도를 선언하고 외국인 투자유치 전략을 통해 경제성장을 이룩하여 2010년 G2의 경제규모를 가지게 되었다. 중국은 전 세계와의 상호의존 속에서 성장한 것이고 세계와의 네트워크를 이미 구축하였다. 이미 중국은 전 세계 질서의 체제와 일체가 되어서 성장하였기 때문에 세계 경제체제에서 분리시킬 수 없다. 앞으로도 중국과 같이 가야 세계 경제가 계속 성장할 수 있는 시스템이 구축된 것이다.

중국은 미국과 많은 점에서 다른 국가다.

첫째, 미국은 개인주의를 강조하나 중국은 국가주의 내지 집단주의를 추구한다. 정부의 역할에 대해서 미국은 작은 정부를 선호하나 중국은 강한 정부를 추구한다.

둘째, 미국의 경우 자유민주주의와 시장경제를 전 세계에 전파하면서 세계를 이끌어 가고 있다. 한편 중국의 경우에는 중화주의를 내세워 자신의 문화와 가치관을 우선적으로 생각하면서, 중국을 존중해주면 상대도 같이 존중하면서 나간다. 미국이 적극적인 반면, 중국은 미국에 비해 소극적으로 나아간다.

셋째, 미국의 경우 캐나다와 멕시코와의 국경에 문제가 없어서 하나의 섬나라처럼 전 세계를 다닌다. 미국은 전형적인 해양국가의 행태로 행동한다. 한편 중국은 14개국과 육지로 국경선을 마주보고 있고 해양에서 6개국과 접하고 있다. 따라서 중국은 미국에 비해 대륙국가의 형식으로 경제를 발전시키고 있다. 이런 차이점으로 인하여 경제 분야와 군사 분야에서 중국의 행태는 미국과 다르다.

넷째, 역사상의 국가 발전 이념이나 지도 원리가 다르다. 미국은 영국의 제국주의에서 독립한 이후 독자적인 자유를 강조하였고 서부개척과 같이 항상 모험 정신을 추구한다. 최강국이 된 이후에도 이런 성향은 지속된다.

중국의 경우, 과거 세계 최강국이었으나 열강의 침입으로 큰 피해를 보았다. 그리고 제2차 세계대전 이후 치열한 내전을 거쳐 공산당이 승리하면서 탄생한 나라다. 1970년대 후반부터 서구식 자본주의를 통하여 2010년 드디어 G2로 성장하였다. 이러한 역사 때문에 중국의 이념이나 지도 원리는 미국과는 다를 수밖에 없다. 이렇게 차이가 나는 미국과 중국이 서로를 인정하지 않는다면 세계는 다시 한 번 전쟁의 위험 속에서 살아야 한다. 갈수록 서로 견제하려다 보면 과거 미국과 소련의 양극체제로 돌아갈 가능성이 높아진다.

그러나 과거처럼 양대 진영으로 나누어질 정도로 경제나 정치 시스템의 차이가 심하다고는 판단되지 않는다. 역사나 가치관이 다를 뿐 세계 평화를 유지해야 한다는 관점은 서로 같은 듯 싶다. 중국과 미국이 친구가 돼야 전 세계의 평화가 유지된다. 최대 강국인 두 나라가 힘을 합친다면 세계의 평화로운 발전이 더 가속화될 것이다.

(2) 일본은 아시아의 리더가 될 수 없다

아시아 국가들은 일본을 아시아의 리더로 인정할 수 없다. 그 이유는 일본이 아시아에 행한 행동과 역사를 보면 쉽게 알 수 있다.

첫째, 일본은 제2차 세계대전 사이에 아시아 국민에게 행한 행동을 진심으로 반성하지 않고 있다. 각 국이 요구하면 마지못해 한 번 사과하고 일본의 신사에 가서 자신들의 선조들에게 '그 뜻을 받들어서 기필코 다시 아시아를 침략하겠다'는 신호를 계속 보이고 있다. 독일의 경우 전후에 자신들이 행한 것들을 진심으로 사과하고 있으며 수상이 바뀔 때마다 사과를 하기 때문에 유럽의 다른 국가들이 진심이라 믿는다. 일본에게 비슷한 수준의 사과를 요구하면 '옛날에 했으면 됐지 또 다시 해야 하느냐'고 말한다. 어떻게 아시아인들이 일본의 마음을 믿을 수 있을까?

둘째, 중국이 강대국으로 부상함에 따라 일본은 중국의 위협을 이유로 군사력을 강화하고 있다. 그러나 일본의 군사력이 중국을 이길 정도가 되거나, 미국과 힘을 합쳐서 중국을 이기게 되면 다음

행보는 대충 짐작이 간다. 제2의 '가쓰라-태프트 밀약'을 추진하면서 다시 아시아를 점령하려고 할 수도 있다. 이것이 아시아인이 일본의 재무장을 반대하는 제일 큰 이유이다.

셋째, 일본의 이런 행위는 사실상 과거의 군국주의로 부활하겠다는 의지로 밖에 볼 수 없다. 현대판 나치와 같은 행동을 지속하는데 어떻게 일본을 믿을 수 있겠는가?

넷째, 미국이 계속 과거사는 아시아 국가끼리 잘 해결하라고 말하는 것은 나치를 인정해주는 행동이다. 어떻게 미국이 나치에는 그렇게 엄격하게 행동하고 아시아에서 일본이 나치처럼 행동하는 것을 묵인할 수 있는가? 아마도 일본이 자신들에게 유리한 말만 미국에게 하고 있고, 미국은 순진하게도 그 말만 믿고 나머지 아시아 국가의 말을 무시하고 있는 것 같다. 미국은 지금부터라도 일본의 과거사와 전후 일본의 행동에 대하여 진지하게 다시 검토해봐야 한다.

일본이 과거사에 대해 독일 수준의 사과와 행동을 하면서 군대를 포기하고 평화주의를 선언한다면 아시아는 일본을 다른 눈으로 볼 것이다. 이 두 가지가 충족되지 않으면 일본에 대한 시각이 크게 바뀔 것 같지 않다. 일본이 전후 아시아에 경제발전을 지원해주었다고 주장하지만 약탈적 개발업자로서 지원해준 것일 뿐이다. 진정한 세계의 리더가 되기 위해서는 미국처럼 평화주의를 명백하게

천명하고 자국 시장을 미국이나 유럽처럼 후진국에 개방하는 진정
성이 보여야 한다. 지금처럼 말로만 하는 것은 믿을 수 없다. 일본
정부는 나치처럼 가면서, 일본시민들의 사죄를 통하여 시끄러운 국
제 분위기를 잠재우려는 술책을 그만 써야 한다. 일본은 좋은 경찰
의 역할을 일본시민이 하고 나쁜 경찰의 역할은 정부가 하는 술책
을 70여 년간 지속해왔다. 이제는 그만둘 때다!

(3) 미국이 중국과 적이 되면 안 좋은 점

첫째, 아시아에서 일본이 중국과 협력이 아닌 대결구도로 나가면
아시아의 평화가 유지되기 어렵다. 중국의 경우 이미 G2가 되었고
시간이 갈수록 일본과의 격차가 커질 수밖에 없다. 일본이 중국의
부상을 견제하고 아시아에서의 패권을 유지하기 위해 중국과 대결
구도로 가는 것은 일본의 희망일 뿐이다. 한국이나 아시아 국가들
이 객관적으로 볼 때 지금의 상황은 바꿀 수 없는 추세라고 생각
한다. 게다가 일본이 중국을 위협으로 여기고 군대를 확장시키려고
하는 것은 '제국주의'에 대한 꿈을 다시 실현하기 위한 발버둥으로
보인다. 평화주의로 가게 되면 중국을 막을 수 없으니 대결구도로
가서 중국이 강해지는 것을 막겠다는 의도일 뿐이다. 그래서 미국
에 의해 금지된 군사력이 과거처럼 강화되면 다시 한 번 일본의 영
광, 과거 군국주의의 부활로 갈 것이 명백하다. 이러한 의도를 가

진 일본을 미국이 옹호한다면 아시아의 평화가 심각하게 훼손될 수 있다는 것을 미국이 깨달아야 한다.

둘째, 미국이 중국을 잠재적인 적으로 생각하게 된다면 아시아 국가들에게 미국이나 중국 중 하나를 선택하게 하려는 것이 미국의 의도라는 오해를 만들게 된다. 아시아 국가들은 제2차 세계대전 이후 다시는 전쟁을 하고 싶지 않다. 평화롭게 살고 싶은데 이번에는 미국이 아시아의 평화를 깨려고 하는 것은 아닌지 의심할 수밖에 없다. 진정 미국의 의도가 이것인가? 어느 나라가 세계 최강이 되느냐는 강대국끼리는 중요한 문제일 수 있다. 그러나 아시아 국가들에게는 평화로운 세계가 더 중요하다. 이것을 미국이 다시 한 번 생각해야 한다.

셋째, 미국이 중국을 적으로 생각한다면 과거의 미·소 체제처럼 돌아가게 되면서 국방비에 대한 지출이 증가할 것이다. 굳이 적으로 지내지 않고 친구로 갈 수 있는 길이 있는데 왜 적으로 생각하여 불필요한 군비를 증가시켜야 하는가? 이 방법은 자원의 최적 배분이 아니며 군사비가 증가해야만 이익을 보는 일부 사람들이나 국가의 선동에 따르게 되는 비합리적인 일일 뿐이다.

(4) 미국이 중국과 함께 가면 좋은 점

첫째, 우선 중국은 과거 일본 등에 의한 식민지 경험이 있기 때문에 아시아인들의 고통과 슬픔을 이해하고 있다. 다시는 그런 상황이 오면 안 된다는 점에서도 인식을 같이 한다. 그래서 미국과 중국이 친구가 된다면 아시아에서 중국과 일본의 전쟁발발 가능성이 없어지게 되므로 아시아가 훨씬 평화롭게 발전할 수 있게 된다.

둘째, 전 세계의 평화 유지를 위해 미국 혼자만 나아가야 할 이유가 없다. 중국이라는 새로운 강대국의 체면을 살려주면서 중국이 할 수 있는 역할을 하게 한다면 세계 평화는 더 효과적으로 유지될 것이다. 미국은 벌써 70년이 넘는 세월 동안 세계 평화를 위해 노력해왔다. 부족한 부분을 알지만 여력이 없는 분야에 대해서 미국이 중국에게 역할을 전해준다면 중국의 자긍심도 높여주고 미국도 자신이 더 잘 할 수 있는 일에 집중하게 될 것이다.

셋째, 중국은 세계 최대의 인구를 보유하고 있는 강대국이다. 그래서 중국이 세계에 기여할 수 있는 역할을 찾아주면 전 세계는 훨씬 더 발전할 수 있다.

중국이 가지고 있는 장점으로는 국민에 대한 국가의 보호나 배려가 높다는 점이다. 아직 개발도상국에게는 이러한 관점이 매우 유용하게 활용될 수 있다. 자기개발능력이 부족한 나라로서는 그 국가의 인프라 구축부터 새로 시작해야 하는데 중국의 자본과 인력을 활용하면 이 일이 훨씬 쉽게 수행될 수 있다. 또 중국이 세계에서 적절한 역할을 하게 된다면 그만큼 미국의 경제적 부담이 줄어들게 된다. 그렇게 여유가 생기면 미국의 경우 기술진보나 진취적인 일에 더욱 집중할 수 있게 되어 미국의 장점도 다시 살릴 수 있게 된다.

넷째, 미국이 중국과 친구가 되면 양국에게 모두 이득이다. 상대 방을 적으로 생각한다면 양국의 자원이 모두 소모적인 무역분쟁이 나 군비확대에 사용될 것이다. 최강국들이 자원을 무의미한 곳에 사용하게 되는 것인데, 그만큼 세계의 평화적인 발전이 저해되는 것이다.

두 국가가 같이 가게 되면 서로의 단점을 보완하면서 각자 잘하 는 분야의 활동이 지속되어 그만큼 세계가 더 빨리 발전하게 될 것 이다. 미국과 중국이 세계의 평화 유지와 인류 발전을 최우선으로 생각하고 역할을 수행해야 진정한 리더국으로 전 세계가 인정하게 되는 것이다. 서로 내가 최고라고 싸운다면 누구도 진정한 세계의 리더가 될 수 없다.

다섯째, 미국은 세계 과학기술의 발전에, 중국은 평화로운 발전 에 주력하는 것이 전 인류의 발전 입장에서 매우 중요하다.

이제는 모든 인종이 인류의 발전을 위해 공동으로 협력해야 할 때다. 백인종, 황인종, 흑인종 세 인종이 협력하여 나아가야 인류가 발전할 수 있다. 어느 종족이 더 우월하다고 주장하는 것은 인류 의 발전을 불완전하게 만드는 것이다.

평화안전   인류의 진보

중국이 세계의 리더가 되려면

G2가 된 중국은 앞으로도 계속해서 발전을 지속할 것 같다. 경제규모로 본다면 10년 전후의 기간에 세계 제1위의 경제대국이 될 것으로 전망된다. 그러나 세계 제1위의 경제대국이 된다고 해서 세계를 리드하는 국가가 되는 것은 아니다. 이웃나라인 중국이 세계의 리더가 되려면 다음과 같은 것이 필요하다.

첫째, 지금 세계에서 논의 중인 가짜 차이나 리스크에 대해 적극적으로 중국의 입장을 밝혀야 한다. 중국이 국내 문제에만 집중하고 대외적으로 소극적인 대응을 하고 있기 때문에 생기는 가짜 차이나 리스크와 같은 문제를 해소해야 한다.

"중국은 중국식으로 발전하니 개입하지 말라"라는 주장은 중국식이 최고의 방식이니 너희들 관점은 다 틀렸다, 라는 생각을 마음속에 갖고 있는 것이 아닌지 의심을 하게 만든다. 조금만 노력해서 설명하면 오해가 풀릴 수 있는데 그것을 하지 않으니 오해가 해소되지 않는 것이다.

둘째, 중국은 평화주의를 선언하고 G1이 되더라도 패권주의를 취하지 않을 것이라는 점을 명백히 밝혀야 한다. 중국의 국경선은 미국과 달리 20개국과 마주보고 있다. 때문에 자국의 영토보호를 위해 국방력 강화를 지속할 수밖에 없다. 군사강국을 만들려는 노력은 대외적으로 패권주의가 될지 모른다는 오해를 사게 된다.

현실적으로 평화주의를 밝히는 제일 좋은 방법은 일본과 무력충돌을 하지 않는 것이다. 일본이 중국을 핑계로 자국의 군대를 강화하고 있으니 그 핑계를 주지 않는 것이 최선의 방법이다.

누가 보아도 일본과 중국의 격차는 갈수록 커질 것으로 보이나 일본은 자존심이나 기타 이유로 중국과 격차가 없을 것이라고 주장하는 것일 뿐이다. 일본의 행동에 중국이 민감하게 반응하도록 만드는 것은 일본이 제국주의로 가기 위한 교묘한 술책이다. 그러한 일본의 노력을 막기 위한 제일 좋은 방법은 아예 상대하지 않는 것이다. 그 대신 아시아 국가들과의 협력을 최우선으로 추진하여 아시아의 평화로운 발전에 더 집중해야 한다. 이렇게 하는 것이 아시아의 리더로서 나가야 할 방향이다.

셋째, 미국과 친구가 되어라. 미국을 적으로 생각하거나 경쟁국으로 생각하지 말고 친구가 되어 전 세계의 평화로운 발전을 위해 일하라. 특히 중국이 '미국에 비해 중국이 강대국의 역할을 못 할 이유가 없다. 혼자서 나아가도 된다'는 생각은 버렸으면 좋겠다. 중국이 다시 G2로 성장한 것도 전후 세계질서 속에서 형성된 체제에서 이룩한 것이지 중국의 자력만으로 성장한 것은 아니다. 수많은 나라들이 자원을 공급해주고 기술도 지원해서 만든 상품을 세계인이 사주었기 때문에 중국이 G2까지 성장한 것이다. 중국 국민의 피나는 노력의 결과이기도 하지만 세계인의 지지가 없었다면 불가능했던 일이다.

이제는 경제대국으로서 미국과 협력하여 세계의 평화와 발전을 위한 길로 나가야 진정한 리더가 되는 것이다. 중국도 해결해야 할 내부문제가 많지만 세계에서 문제가 없는 나라는 없다. 내부문제는 계속 풀어나가면서 이제부터는 중국이 세계에 해줄 수 있는 일을 찾아서 적극적인 역할을 해야 한다. 그러기 위해서는 지난 70년간 세계를 위해 일한 경험과 지식이 있는 미국과 친구가 되고 같이 세계의 발전을 위해서 적극 노력해야 한다.

현재 중국이 다음과 같은 것을 선언한다면 훨씬 좋을 것 같다.

하나, 중국이 추구하는 우선가치가 세계의 평화로운 발전에 있다고 선언하라. 미국과 같이 전 세계의 평화발전을 위해 노력하겠으며 식민지 지배에 대한 보복을 하지 않겠다는 것을 명백히 밝혀야 한다. 즉, 강대국이 되어 인류의 평화발전을 위해 일하는 국가가 될 것이지, 과거의 아픔에 대한 보복의지를 표하지는 않겠다고 선언해야 한다.

둘, 다른 국가에 대한 관심과 지원을 더 확대하면서 그들 문화와 가치관도 존중해주어야 한다. 중국문화가 최고라고 자부하는 것은 좋으나 다른 나라의 문화도 존중해주어야 한다. 다른 나라도 나름대로의 역사가 있으며 문화도 발전해왔다는 것을 인정해야지, 중국 것이 계속 최고라고 주장하면서 다른 나라의 문화나 역사를 무시하는 태도를 보여서는 안 된다.

셋, 중국식만 강조하지 말고 전 인류가 받아들일 수 있는 공통가치를 말하라. 세계 평화나 환경보호 등 인류가 다 공통으로 추진하는 것을 말해야지 중국식만 강조하다보면 폐쇄적인 국가로 인식될 뿐이다.

넷, 다른 나라가 중국에 대한 오해나 편견을 가지고 있다면 이에 대해서 적극적으로 해명해라.

"우리가 발전하고 우리의 행동을 보면 우리의 뜻을 알겠지!" 이러한 사고는 너무나 소극적이고 낙관적인 생각이다. 말을 하지 않고 의사전달이 제대로 되지 않으면 평범한 행위도 다른 나라에서는 오해할 수 있다는 것을 알아야 한다. 적극적인 의사교류만이 중국에 대해 가지고 있는 편견들을 없애줄 것이다.

다섯, 중국은 세계 최대의 인구를 가지고 있기 때문에 그것에 대한 위압감이 매우 크다. 따라서 적극적으로 행동을 보이고 대화를 해서 그 위압감을 각 국이 두려워하지 않고 오히려 든든한 친구로 받아들일 수 있도록 중국이 풀어주어야 한다. "우리가 강대국인줄 모르느냐?"라는 태도가 보인다면 세계는 중국과 거리를 둘 수밖에 없다. 말하지 않아도 중국이 강대국이라는 것을 다 아는데 스스로 강대국임을 언급하는 것은 세계를 평화주의가 아닌 권위나 위세로서 이끌려는 마음만 보일 뿐이다. 겸손하게 친구로 다가와야 친구가 되는 것이다.

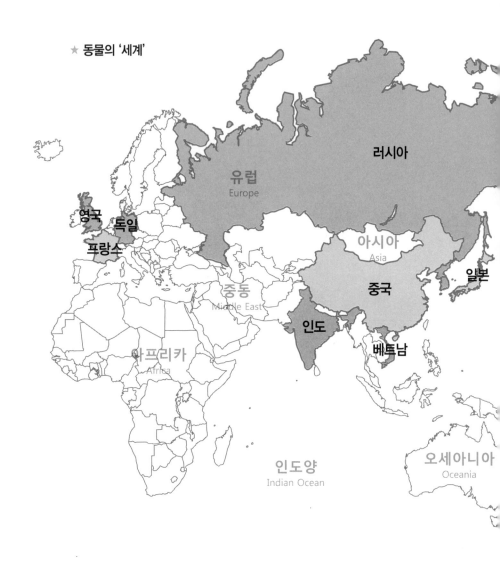

★ 동물의 '세계'

러시아

유럽
Europe

영국
독일
프랑스

아시아
Asia

중동
Middle East

중국

일본

인도

베트남

아프리카
Africa

인도양
Indian Ocean

오세아니아
Oceania

　(a) 사자　　(b) 호랑이　　(c) 독수리　　(d) 재규어　　(e) 물소　　(f) 고릴라

북극해
ctic Ocean

북아메리카
North America

대서양
Atlantic Ocean

미국

태평양
cific Ocean

남아메리카
South America

남극해
Southern Ocean

(g) 하이에나   (h) 북극곰   (i) 여우   (j) 늑대   (k) 코끼리   (l) 사슴

1. 각 나라와 어울리는 동물을 연결해보시오.

(1) 미국	(6) 독일	(a) 사자	(g) 하이에나
(2) 중국	(7) 프랑스	(b) 호랑이	(h) 북극곰
(3) 일본	(8) 영국	(c) 독수리	(i) 여우
(4) 러시아	(9) 베트남	(d) 재규어	(j) 늑대
(5) 인도		(e) 물소	(k) 코끼리
		(f) 고릴라	(l) 사슴

2. 한국과 어울리는 동물을 선택해 보시오.

(1) 토끼 (2) 호랑이 (3) 곰 (4) 여우
(5) 황소 (6) 학(해오라기) (7) 까치 (8) 참새

3. 앞장의 전 세계 지도를 보면서, 각 나라에 어울리는 동물을 설명하고 주변국과 같이 살아가는 방법을 토론하시오.

토론의 예 Ⅰ
① 일반적인 경우 A나라는 동물 b이다
② 동물b인 이유는 C이다.
③ 그래서 주변국들의 동물 d, e 등과 어떻게 지내야 한다.

토론의 예 Ⅱ
① A나라는 동물 b이기도 하고, 동물 c이기도 하다.
② 과거에는 b이다. 이유는 ~ 이다. 현재는 c이다. 이유는 ~ 이다.
③ A나라는 주변국들 ~과 이렇게 살아야 한다.

3부

방황 속의 한국,
길을 찾아라

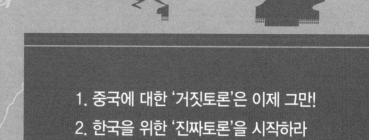

1. 중국에 대한 '거짓토론'은 이제 그만!
2. 한국을 위한 '진짜토론'을 시작하라

중국에 대한 '거짓토론'은 이제 그만!

거짓토론 1. G1은 누가 차지할 것인가?

중국과 미국에 대한 토론 중 제일 많은 주제가 '미국이 G1을 계속 유지할 것인가'에 대한 것이다. 중국과 관련된 현상을 분석하고 나서 역시 미국이 당분간 G1으로 나아가면서 세계를 리드할 것이라는 결론을 내린다. 그러면서 한국은 미국과 같이 가야한다는 것을 은연중에 암시한다. 참 그럴듯한 거짓토론이다.

미국에서는 이런 토론이 활발하게 이루어지고 있다. '중국이 추격을 하지만 여러 부문을 보완한다면 미국이 여전히 세계 최강국의 역할을 하게 될 것이다.' 이런 토론은 미국의 자존심도 살려주고 미국이 대비해야 할 것이 무엇인지, 미국의 장점이 무엇인지에 대한 자기성찰을 하게 되는 매우 소중한 과정이다.

그런데 한국에서 이런 토론이 필요한 것일까? 왜 이런 토론을 진지하게 하는가? 아마도 미국과 계속 함께 가야하는데 미국이 G1을 유지하지 못하면 어떡할지에 대한 두려움이 원인으로 보인다. 한국의 안보도 마찬가지다. 미국에 경제를 의존하고 있고 경제 및 사회 시스템도 미국식으로 개혁되었는데 미국보다 중국이 강해지면 우리는 어떻게 해야 하나? 미국에 대해서는 잘 알고 있는데 중국에 대해서는 잘 모르는데 중국이 G1이 되면 한국은 어떻게 살아야 하지? 중국말도 못하고 중국도 잘 모르는데 참 큰일이다···. 아마도 이런 공포와 근심의 마음이 있는 것 같다는 느낌이다.

그래서 그런 토론을 하면서 '우리는 중국이 강대국이 되어도 계속 최강대국인 미국과 같이 가면되니 안심이군!'과 같은 심리적 안정을 얻으려는 것 같다. 또한 토론 과정에서 중국은 한국의 이웃나라이니 경제협력은 계속 잘 해나가야 한다고 주장하기도 한다. 참 이상한 논리다. 미국을 통해 심리적인 안정감을 찾고 중국과는 경제협력은 계속하면서 경제적인 실리를 취해야 한다고 주장하다니! 이런 토론이 거짓토론인 이유는 많다.

첫째, 미국이 계속해서 최강국의 자리를 유지할지, 중국이 최강대국이 될 것인지에 대한 논쟁은 미국과 중국에서 해야 되는 것이다. 우리는 한국이 어떻게 나아가야 할 것인가에 대한 방향을 찾아야 하는데, 토론의 주제와 결론이 이상하게 나오고 있다. 중국이 계속 성장함에도 불구하고 다행히 최강국의 자리는 미국이 유지할 것이니 안심이다, 라는 결론을 먼저 끌어낸다. 이런 논리는 한국은 최강대국과 같이 가야하는데 중국이 세계 최강대국이 되면 중국을 따라야 한다는 가정이 무의식중에 있다는 것이다.

한국의 모든 사고와 시스템이 미국식으로 되어 있는 지금, 미국이 계속 최강대국의 자리를 지켜야 한국에게도 좋다는 잘못된 논리도 있는 것이다. 단순히 한국은 최강대국과 가야 한다는 가정은 잘못된 것이다.

둘째, 한국이 어떤 기준과 목표로 강대국과 같이 나아가는가에 대한 토론이 없다. 대부분 먹고살기 위해, 혹은 한국사회가 안정적으로 발전하기 위해서 이런 자리를 만들었다고 주장한다. 중국과 먹고 살기에 더욱 집중하다 보면 한국사회가 안정적으로 되지 않는가? 미국이 싫어하니 중국과는 어느 정도 거리를 두어야 한다? 경제협력은 중국과 하되, 안보협력은 미국과 계속해야 한다? 어느 가정 하나 합리적인 것이 없다. 나라를 선택해놓고 논리를 맞추는 것 같다. 대부분의 한국 엘리트들은 미국에서 공부하고 미국과 오랜 관계를 맺어 왔기에 미국에 대해서는 편하게 말할 수 있다. 그러나 중국에 대해서는 이해도 잘 못하고 중국말도 모르니 불안하게 생각하는 경향이 있다. 그러다보니 미국인이 토의하는 내용과 결론을 그대로 가져와 한국에서 다시 토론하곤 하는데, 이는 심리적인 안정을 위한 거짓토론이다.

셋째, 중국에 대해서 제대로 이해하려고 하지 않는다. 그런 토의에 참석해 보아도 중국을 제대로 아는 전문가가 거의 없다. 간혹 중국 전문가가 중국에 대해서 말하면 잘 이해가 되지 않기 때문에 무시한다. "대부분의 한국 엘리트들이 나처럼 생각하는데 당신이 말한 내용은 처음 듣는 말이고 이해가 되지 않는다"라고 하는 것이다. 그리고 중국에 대한 전문가의 말을 인정하면 기득권에 나쁜 영향을 줄지도 모른다는 두려움 때문에 받아주지 않는 심리도 있는 것 같다. 1990년대에 일본에서 미국으로 한국의 시스템이 전환되는 과정에서 그동안 잘나가던 일본 전문가가 서서히 도태되고 그 자리를 미국 전문가가 다 차지했다. 힘들게 이 자리에 왔는데 중국 전문가에게 자리를 내어줄 수 없다는 강한 공포감도 느껴진다.

넷째, 한국은 잘 먹고 잘 살기만 하면 되지, 어렵게 살 필요가 없다고 주장하는 사람도 있다. 경제적 이득만 최대한 취하면 되지, 결국 한국은 미국과 같이 가야한다고 속내를 비치는 사람도 있다. "지금 큰 문제가 없으니 이 상태대로 계속 가자", "문제가 생기면 그때 가서 다시 생각하자"라는 것인데, 그렇게 생각한다면 왜 미국과 중국에 대해서 토론하는가? 논리가 맞지 않는다. 단순히 심리적 안정을 위한 것인지, 나라를 택하고 나서 논리만 짜맞추는 것인지 모르겠다.

제대로 된 토론을 하려면 먼저 중국을 제대로 이해해야 하는데 그 노력은 안 하고 결론만 유도한다. "힘들게 우리가 분석할 필요가 없다. 미국과 일본에서 이미 다 분석했다. 우리가 다시 해야 하는가?" 이런 사고가 깔려있는 것이다.

거짓토론 2. 중국과는 경제협력, 미국과는 안보협력

거짓토론 1보다는 진일보한 관점이다. 양국과 같이 가야 하는 것이 '한국의 슬픈 현실'이라는 것을 인식하고 현실적인 대안을 찾다 보니 이 결론 밖에 나오지 않는 것이다. 맞는 토론일까? 온갖 경제 분석을 통하여 이제는 중국과 뗄 수 없는 하나의 경제 공동체가 되었다고 설명하면서 두 나라와 같이 가야 한다고 주장한다.

한국은 강대국에 둘러싸인 약소국이라서 현실적으로 어느 한 나라하고만 갈 수 없다. 역사적으로 살펴봐도 그렇다. 그리고 북한이 존재하는 한 미국과의 안보협력은 절대적으로 필요하다. 한편 중국과는 경제협력을 잘 해오고 있으니 계속 경제 분야의 협력을 지속하면 되지 않을까? 역시 몇 가지의 잘못된 가정이 있다.

첫째, 한 국가와 경제만 협력할 수 있는가? 한 나라가 다른 나라와 교류를 시작하면 경제뿐만 아니라 문화, 인적교류 등을 통하여 가치관도 교류된다. 사람들이 사는 국가기 때문에, 그 나라 사람들의 생각과 가치관도 오가는 것이다. 이러한 관계에서 현실적으로 경제 분야만 따로 구분하여 협력할 수는 없다. 만약 경제 분야만 굳이 나누겠다고 주장한다면 '돈만을 위해 협력하겠다'는 말이 된다. 돈 이외에는 협력하지 않겠다고 말하면 누가 같이 교류하겠는가? 나를 만나고 친해지려는 목적이 오로지 돈뿐이라면 그 사람을 안 만나게 되는 것이 인간관계의 기본 원칙이다. 사람끼리 감정을 교류하면서 만나는 것이지, 돈만 원하는 사람을 왜 만나는가? 국가 간의 관계도 똑같은 원리가 적용된다.

둘째, 이렇게 나누어서 생각하는 것은 한국의 잘못된 문화 때문이다. 한국에서 좌익과 우익 논쟁이 격화되면서 정치인과 경제인들은 어느 한쪽으로 분류되는 것을 매우 부담스러워한다. 그래서 찾아낸 것이 '중도 실용주의'이다. 중도 실용주의! '나는 이념 논쟁에는 관심이 없다, 나는 경제적 이익이나 사회적 지위를 위해 일한다.' 매우 그럴듯한 논리다. 합리적인 사람 같다. 조금 더 우아하게 표현한다면 '나는 정치에 관심이 없다. 나는 경제 전문가다'라고 말한다. 이런 관점으로 경제와 정치를 나눌 수 있는 것이다.

그러나 이 사고는 문제가 많다. '가치관에 대해서는 관심이 없고 나의 이익을 위해서만 일하겠다'고 말하는 중도 실용주의는 '기회주의자'들의 말일 뿐이다. "나는 누가 옳은지는 관심이 없고 나도 편향된 가치관을 가지려고 하지 않는다. 그저 나만 편하게 살면 된다." 전형적인 기회주의자들의 변명과 하나도 다를 게 없다. 한 국가의 국민이 '국가는 모르겠고 내 이익만 중요하다'라고 주장하는 것이다. '나는 한국인이라기보다는 합리적인 세계인이다. 세계인으로서 행복하게 나만 잘 살면 된다'라고 말하는 것이다.

한국의 잘못된 문화 때문에 이런 사고가 나온다. 자기의 이익도 국가에서 얻는 것인데, 국가는 상관없이 내 이익만 챙기고 나만 편하게 살겠다는 '일그러진 문화' 때문에 한국은 국가가 없고 개인만 중시하는 '기회주의자들의 나라'가 된 것이다.

거짓토론 3. 우리만의 길을 만들자

미국, 중국, 일본과 부딪히는 어려운 국제환경에서 우리가 잘 살아갈 수 있는 길을 찾아야 한다. 거짓토론 중 제일 진보한 토론이다. 미국만 선택하자니 낯이 간지럽고 명분이 약하다. 경제와 정치를 분리할 수 없는데 경제를 위해서 중국과 협력하자고 주장하는 것도 어렵다. 그래도 길을 찾아야 되고 우리의 자존심도 있으니, 잘 살아갈 수 있는 길을 찾아보자는 것이 거짓토론 3의 주된 내용이다.

이런 토론을 하면서 민족주의를 내세우기도 하고 자주적인 외교를 강조하기도 한다. 즉, '위대한 대한민국의 국민인 우리가 잘 살수 있는 길을 찾을 수 있다' 또는 '자주적이고 적극적으로 한국이미국, 중국, 일본 등 강대국 사이에서 균형을 잡아야 한다'라고 하는 것이다. 그럴듯한 말이나 이 주장 또한 문제점이 있다.

첫째, 국가에 대한 법적 평등개념을 현실에서도 그대로 적용하려고 생각한다. 한국은 평등한 국가로서 강대국과도 평등하게 행동해야 한다는 논리는 현실성이 없다. 국가들이 평등하다는 것은 국제법상 모든 국가에게 차별을 두지 않고 평등하게 적용한다는 법적 개념일 뿐이다. 현실 세계에서 평등한 국가 개념은 없다. 모든 나라는 인구나 영토가 다르고 역사나 가치관, 그리고 문화도 다르다. 따라서 현실에서는 이러한 국가의 차이를 인정한 상태에서 서로 협력을 하는 것이지 대등한 관계에서의 협력은 없다. 즉 서로가 서로를 잘 알고 있는 상태에서 대화가 되는 것이다.

둘째, 등거리 외교나 줄다리기 외교는 양국의 국력이 비슷할 때 사용하는 것이다. 한국이 상대해야 될 나라는 모두 다 세계 4강에 드는 강대국들 뿐이다. 한국의 관점에서는 균형을 잡고 길을 찾는 것이지만 강대국의 관점에서는 한국은 이익을 쫓는 국가로만 인식된다. 오히려 강대국끼리의 싸움에서 자신의 이득만을 따라 가는 기회주의 국가로 간주될 수 있다.

셋째, 자주적인 외교를 하려면 명분이 있어야 하는데 한국이 내세우는 명분은 대개 경제적인 명분밖에 없다. 과연 강대국이 경제적인 명분만 찾는 한국에게 경제적인 이익을 주려고 할 것인가? 강대국을 경제적 이익을 근거로 설득할 수 있는가? 그들이 자신의 경제적 이익을 위한 선택을 한국에게 제안한다면 어떻게 대응할 것인가? 기회주의자의 관점에서 벗어나 하나를 선택하라고 한다면 무슨 명분을 선택해야 하는 것인가?

넷째, 강대국은 자신의 선택으로 자국의 정책방향을 결정한다. 한국이 어떤 논리로 강대국을 설득해도 그들의 방향을 바꾸기는 어렵다. 자국이 선택한 논리를 한국이 말한다고 쉽게 바꾸겠는가? 강대국을 설득하려면 그들이 받아줄 수 있는 논리를 개발해야 한다. 이것이 우리의 과제다. 한국의 주장을 강대국들이 판단했을 때 자국에 유리하다고 생각돼야 정책방향을 다시 결정할 것이다.

거짓토론 4. 중국을 이용해 출세하려는 사람들의 토론

많은 거짓토론 중 네 번째 거짓토론을 통하여 출세하려고 하는 사람들이 제일 얄밉다. 그들은 자기가 중국을 잘 알고 있다는 것을 과시하면서 한국사회에서 출세에 이용하려는 제일 나쁜 사람들이다.

거짓토론 1~3은 그래도 무엇인가를 찾기 위해 노력하는 사람들인데 비해 네 번째 유형은 그렇지 않다. 그들은 중국 전문가임을 내세운다. 한국에 미국 전문가는 많기 때문에 자신이 출세하기 어려우니 상대적으로 부족한 중국 전문가로 유명해져서 다시 사회에 복귀하려는 목적으로 활동하는 것이다.

중국 관련서적을 10권 이내 읽고 중국에 다니면서 전문가들과의 회의나 토론을 주재하면서 중국에 네트워크를 형성하고 있는 중국 전문가라고 주장하는 것이다. 중국어도 못하면서 자기가 중국 전문가라고 주장하는 것은 일본어도 못하면서 일본 전문가라고 주장하고, 영어도 못하면서 미국 전문가라고 주장하는 것과 똑같다. 영어로 된 자료나 번역된 자료만 읽고 중국을 잘 알고 있다고 자랑하는 사람들이다. 이런 사람들은 중국에 대해 잘 아는 한국의 중국 전문가들 즉, 대부분 자기보다 나이가 어린 사람들의 지식을 모아서 자기 것처럼 말한다. 그러다보니 가끔 신선한 내용도 포함되어 있어 이 사람은 중국 전문가인가 보다, 라고 착각하게 만든다. 참 슬픈 현실이다!

한국 내 토론에서는 주로 '앵무새 전문가'들과 같이 작업을 한다. 앵무새 전문가들은 중국을 모르지만 중국을 안다고 해야 살 수 있는 한국의 풍조 속에서 다른 사람들이 쓴 글만 소화한 뒤 앵무새처럼 말하는 전문가들을 의미한다. 앵무새 전문가들은 미국이나 일본의 관점을 외운 뒤 기계적으로 그 말만 되풀이 한다. 조금만 깊게 물어보면 대답을 못하고 일반적인 말로 얼버무린다. 이런 앵무새 전문가들을 활용하여 토론도 하고 좌담회도 가지면서 자기가 제일 돋보도록 하는 것이다. 이런 가짜 전문가들을 매우 조심해야 한다.

중국 서적이나 신문을 보면 금방 알게 될 사실을 천연덕스럽게 거짓말을 하거나 중국의 인터넷에 들어가서 찾아보면 금방 탄로 날 사실을 반대로 말하기도 한다. 중국어를 모르고 중국 인터넷을 볼 수가 없기 때문에 그런 거짓말을 쉽게 하면서 한국에서 중국 전문가로 당당하게 활동하고 있는 것이다.

등장인물

* 형(나): 한국　　* 제니: 일본　　* 서쪽사람들: 유럽
* 아우: 북한　　* 찰스: 중국
* 매기: 미국　　* 루스: 러시아

주요내용

1. 가족의 역사: 식민지 지배와 해방 후 현재까지의 역사
2. 형과 아우가 살아온 이야기: 남북분단 이후 각자의 발전경로
3. 형의 꿈: 통일한국이 되는 것
4. 도와주세요!: 한국에 대한 주변국가의 다른 시각들

참고사항

1. 할아버지 代: 하나의 국가(조선시대)
2. 아버지 代: 일제강점기(나라를 뺏김)
3. 현재 형과 아우: 1945년 이후(남북으로 나누어짐)

가족의 역사

찰스네 집안과 우리집은 때로는 싸우기도 했지만 몇 천 년 동안 대부분 그런대로 잘 지내고 있었다. 제니네 집안과도 가끔씩 제니의 욕심 때문에 힘들었던 한 적은 있었지만 그런대로 잘 지내고 있었다.

할아버지 대에서 찰스네가 몰락하게 되자, 서쪽의 코큰 형들과 누나들이 찰스네를 공격하기 시작하면서 비극은 시작되었다. 그때 제니가 서쪽 무리와 손을 잡고 우리 집안을 다 삼켰고 찰스 네 집안까지 일부 점령하게 되었다.

매부리코가 특징인 매기가 서쪽무리와 제니와의 전쟁에서 이기 게 되자, 나는 다시 정상적인 집안이 될 줄 알았다. 갑자기 북쪽 의 덩치 큰 루스와 매부리코 매기가 우리도 모르게 약속을 했다. 북쪽은 덩치 큰 찰스가, 코가 긴 매기가 남쪽을 맡기로 결정하면 서, 우리 집안은 남북을 사이에 두고 천 오백여 년 만에 형제가 갈라지게 되었다.

덩치 큰 루스가 북쪽 아우와 힘을 합쳐 남쪽에 있는 나의 집을 다 먹으려 하자 매기가 많은 사람들과 함께 나의 집을 지켜주었 다. 싸우는 과정에서 매기가 북쪽 아우네 집안까지 점령하려는 순간, 찰스가 다시 아우네 집을 지켜주면서 우리 집안은 분열된 상태로 다시 출발해야 했다.

동생은 찰스와 루스를 따라가게 되었고, 나는 매기, 제니와 같이 살아야만 했다. 이렇게 우리 형제의 슬픈 역사가 시작되었다. 우 리 집안이 집안을 빼앗긴 날로부터 110년이 흘렀고 남북으로 아우 와 헤어진 지 벌써 70년이 흘렀다.

형과 아우가 살아온 이야기

전쟁 끝에 아무것도 남지 않았기에 나는 새로 시작해야 했다. 돈 과 기술이 없어서 할 수 없이 제니네로 가서 도움을 청하였고, 그 기술로 여러 가지 물품을 만들어서 매기네 집에 팔면서 살았 다. 우선 옷과 가발 등 쉬운 물품부터 만들어 팔기 시작했다.

서쪽의 형과 누나들에게도 물건을 팔기위해 열심히 일했다. 돈 을 벌기 위해서 탄광에서도 일했고 사막에서도 일했다. 그래서 힘들게 모은 돈으로 공장도 만들고 자동차도 만들고 배도 만들게 되었다. 또한 반도체 등 IT 분야까지 진출하면서 어느 정도 살만하게 되었다. 집안 형편이 피게 되면서 우리 가족 모두가 서로 마음 편하게 살기 위해 민주화 운동도 전개하였다. 시간이 걸리긴 했지만 30년의 노력 끝에 집안 분위기도 할아버지, 아버지 대에 비해 많이 민주적인 분위기가 되었다.

어느 정도 집안의 여유가 생기고 분위기도 좋아지자, 헤어진 아우가 계속 눈에 어른거렸다. 그동안 아우는 사업을 잘못하여 형편이 어려워지자 집안 분위기도 이상하게 바뀌었고 위험한 물건을 만들기 시작하였다. 위험한 물건을 만들기 시작하면서 매기도 제니도 긴장했고, 그 물건을 만들지 말라고 설득했지만 막무가내였다. 찰스도 나섰지만 큰 효과가 없었다. 계속되는 아우의 고집 때문에 매기와 제니가 예민해졌고 찰스도 마음이 불편해졌다. 또한 찰스네가 생각을 바꾸고 열심히 집안을 일으키기 시작하여 20년 만에 집안이 피기 시작하면서 찰스에 대한 매기와 제니의 보이지 않는 질투가 생겨났다. 찰스가 도와주는 아우네와 아우네를 싫어하는 매기와 제니 때문에 우리 집안의 문제는 계속 꼬이고 있다.

형의 꿈

아우가 생활이 어려워지자 성격도 이상해졌고 행동도 이상해졌다. 우리 집안은 아우의 성격이나 행동이 그다지 마음에 들지 않는다. 그러나 할아버지를 비롯한 조상을 생각하면 한편으로는 면목이 서지 않는다. 우리 조상들은 집안이 어려웠어도 천 오백 년을 하나의 집안으로 유지해 왔는데….

한편 밖에 나갔을 때 동네 사람들이 아우네를 계속 욕하면 뭐라고 할 말이 없다. 꼭 마지막에 "형은 괜찮은데 아우는 왜 그러느냐"고 물어보는데 조상님들에게 누를 끼치는 것 같아 어떻게 말을 해야 할지 모르겠다. 그렇다고 아우를 아우가 아니라고 말할 수도 없고….

가족관계를 끊었다고 말해도 동네 사람들은 다 같은 가족이라는 것을 알고 있다. 한편으로 우리 가족이 다시 하나로 합치는 것에 대해서는 동네 사람들마다 생각이 다른 것 같다.

제니는 우리 집안이 하나로 되는 데에는 관심이 없는 것 같고, 매기는 찬성한다고 하면서도 실제로는 위험한 물건에만 관심이 더 큰 것 같다. 그래서 최근에 집안이 다시 핀 찰스네로 가서 도와달라고 친하게 지내면서 은근히 부탁을 하자 제니가 매우 싫어하는 눈치이다. 찰스가 돈을 벌게 되자 매우 경계하고 있는 것 같다.

참 세상 살기 어렵네! 그래도 조상님들을 생각해서 우리 집안이 다시 하나가 되면 좋겠다. 집안이 쪼개져 있으니 동네 사람들에게도 큰 소리 치기가 어렵고, 오히려 동네 사람들의 눈치를 봐야 한다. 집안이 하나가 되어 동네 사람들에게 큰소리도 칠 수 있는 집안이 되었으면 하는 게 나(형)의 꿈이다.

도와주세요!

어떻게 하면 아우와 다시 집을 하나로 합칠 수 있을까? 매기에게 물어보니 하나가 되는 것은 찬성하지만 먼저 아우의 나쁜 버릇을 고쳐야 한다고 말한다. 더욱이 최근 위험한 장난감을 만들고 있는 것은 단호히 혼내서 버릇을 고쳐야 한다는 말만 한다.

제니는 별 말이 없다. 내심 우리 집안이 하나가 되는 것을 싫어하는 게 아닌가, 라는 생각이 든다. 우리가 하나가 되면 힘을 합쳐서 제니의 과거 행동을 들추면서 따질 가능성을 염두에 해 두는 것 같다. 더욱이 최근 찰스네가 더 부자가 되고 있어서 내가 찰스와 친해지는 것을 매우 싫어하는 것 같다. 찰스에게 도와주라고 부탁을 하였으나, 찰스는 말로만 동생을 타이른다. 고집 있는 동생은 버릇을 고치지 못하고 변화하는 모습도 보이지 않는다.

참 힘들다! 그래서 찰스에게 동생의 생각이 뭐냐고 물어보았다. 그러자 찰스는 이런 말을 들었다고 한다. "찰스는 50년을 아무 조건 없이 도와주었다. 어느 날 친형이 이제는 어느 정도 살게 되었으니 도와주겠다고 해서 너무 기뻤다. 그러나 친형이 도와주면서 계속 '이것 고쳐라, 저것 고쳐라'고 말을 하고 그것을 지키지 않으니 다시 관계가 소원해졌다. 왜 찰스는 조건 없이 도와주었는데 친형은 매우 까칠하게 도와주는지 이해가 되지 않는다. 친형보다 사촌형이 더 나은 것 같다." 나로서는 매우 충격적이었다. 그렇게 생각하고 있나?

그래도 동생과 합치되는 것이 동네 사람들이 보기에도 좋고 조상님들에게도 면목이 서는 일이다. 힘들어도 길을 찾아야 내가 죽어서 조상께 체면이 선다. 어떻게든 길을 찾아야 한다.

어떤 동네 사람들은 합쳐지면 새로 살림을 장만해야 하는데 돈은 있냐고 물어보기도 한다. 나는 있는 돈의 범위 내에서 필요한 물건을 구입하면서 같이 살다가 형편이 나아지면 하나씩 다시 장만하려고 한다. 돈은 큰 문제가 아니라고 생각한다. 그래서 우선은 지금 형편에서 합칠 수 있는 방안을 찾아야 한다는 게 나의 생각이다.

좋은 의견이 있으신 분은 저에게 말을 해줘서 우리 가족이 하나가 되게 도와주세요! 우리는 하나입니다!

에피소드 2.
슬픈 제니
이야기

등장인물

* 나: 한국   * 제니: 일본   * 서쪽사람들: 유럽
* 매기: 미국   * 찰스: 중국   * 루스: 러시아

주요내용

1. 제니의 가족이야기: 과거 ~ 제2차 세계대전 시대
2. 매기를 위하여 열심히 일하는 제니: 제2차 세계대전 이후
   ~ 20세기
3. 찰스의 부상에 따른 제니의 고민: 21세기
4. 굳은 결심을 한 슬픈 제니: 현재

제니의 가족 이야기

찰스네가 대륙에서 떵떵거리고 살 때, 제니네는 섬에서 부러운 눈초리로 찰스 집안을 바라만 보고 있었다. 찰스네와 우리 집안이 즐겁게 대륙에서 지내고 있을 때, 제니는 우리를 부럽게 쳐다보았다. 서쪽의 사람들에게 총과 같은 새로운 것을 배우면서 제니네 집안이 융성해지기 시작하였다. 산업도 발전하게 되자 대륙에 있는 찰스네로 가기 위해 우리 집안으로 쳐들어왔는데, 결국 찰스네와 우리 집안이 하나가 되어 방어하자 대륙으로 가려했던 제니의 꿈은 실패하게 됐다.

대륙으로 가는 꿈을 실현하기 위해 제니는 서쪽 친구들의 문화를 배우고 문물을 적극적으로 도입하면서 더욱 열심히 일했다. 찰스가 나태해지면서 서쪽 무리들이 공격하기 시작하자, 제니도 다시 대륙으로 가기 위해 우리를 공격하였다. 우리 집안을 가지기 위해서 루스와 싸워서 이기고, 찰스와도 싸워서 이겼다. 코가 큰 매기와 협약을 맺은 뒤 제니는 결국 우리 집안을 다 삼켰다.

우리 집안을 삼킨 뒤, 찰스를 부단히 공격하여 마침내 북쪽 지방부터 먹을 수 있게 되었고, 찰스네의 남쪽 지방까지 점령할 수 있게 되었다. 바다로도 진출하여 동남아시아까지 나가게 되자, 매기가 매우 싫어했다. 그래서 다시 매기와 바다 위에서 싸움을 하였고, 그 결과 제니는 많은 섬들을 가질 수 있게 되었다.

그러나 매기가 다시 싸움준비를 제대로 한 뒤 제니가 점령한 섬을 하나씩 하나씩 되찾게 되면서 새로운 국면이 전개되었다. 제니가 계속 저항하자 매기는 새로 개발한 무서운 무기를 제니네에 사용하였고, 그 피해는 상상하기 어려울 정도로 처참했다. 항복하지 않으면 또 사용하겠다는 매기의 통보에 제니는 무조건 항복을 선언하게 되었다. 제니네 역사상 처음으로 다른 집안에 항복한 것이다. 매우 슬프지만 어쩔 수 없는 일로써 제니는 새로 시작할 수밖에 없었다.

매기를 위해 열심히 일하는 제니

제니는 매기에게 모든 것을 맡겼다. 매기가 하라는 대로 모든 것을 하였다. 다시는 전쟁을 하지 않겠다고 선언하고서 싸움에 필요한 모든 것을 다 포기하였다. 집안 분위기도 민주적으로 만들기 시작했다.

오로지 돈을 벌어야 다시 집안을 일으킬 수 있는 믿음으로 좋은 품질의 상품을 싸게 만드는데 집중하였다. 열심히 노력한 결과 세상에 없는 새로운 물건도 만들어서 서쪽 지방과 매기네에 많이 팔게 되었다. 물건을 잘 만들 수 있게 되자 전 세계 모든 지방에 물건을 팔면서 집안이 다시 과거처럼 부자가 되기 시작하였다.

그동안 매기는 루스 집안과의 30년간의 싸움에서 이기게 되었고, 매기는 세계의 모든 동네를 다 통합하게 되었다. 그리고 매기가 제니에게 동네 주위 사람들도 잘 도와주라고 해서, 과거의 전력도 있으니 제니는 주위 사람들도 경제적으로 잘 살 수 있도록 도와주기 시작하였다.

제니가 정치적으로는 매기의 뜻만 따르고, 경제적으로는 돈만 벌었기 때문에 '경제적 동물'이라고 욕하는 동네 사람들도 생기기 되었다. 돈이 많아지자 제니네가 매기네의 집안의 회사나 건물을 마구 사게 되자, 매기네 집안에서 제니를 싫어하기 시작한 사람도 나타나게 되었다.

매기네와 서쪽 동네 사람들은 제니네가 돈을 많이 버는 이유가 '좋은 품질의 상품을 저렴한 가격으로' 팔기 때문이라고 결론을 내렸다. 그래서 제니에게 가격을 올리라고 선언하였다. 또 다시 제니의 집안에 위기가 찾아왔다. 모든 집안 사람들이 더욱더 근검절약하면서 물건을 만들어 파는 수밖에 없었다. 열심히 노력한 결과 제니네는 더 이상 욕도 안 먹으면서 잘 지내게 되었다. 집안도 완전히 살아나서 모든 동네 사람들이 부러워할 만큼 살게 되었다. 제니의 집안 문화도 매기네와 서쪽 동네 사람들이 다 알게 되어 아주 자랑스럽게 서로 존중하면서 살게 되었다.

이렇게 다시 집안이 융성해지자, 틈만 나면 매기에게 부탁하여 할아버지 대에 가졌던 무기들도 조금씩 가지기 시작하였다. 집안을 스스로 지키기 위해서 조그만 것을 준비할 때마다 매기가 승인해야하기 때문에 매기가 원하는 것은 전부 해주면서 조금씩 조금씩 집안을 지킬 수 있는 무기를 준비해오고 있었다.

찰스의 부상에 따른 제니의 고민

20년 전부터 찰스가 정신을 차리고 다시 집안을 일으키면서 제니의 걱정이 시작되었다. 처음에는 다시 집안을 일으키기가 쉽지 않을 것이라고 생각하여 크게 걱정을 하지 않았으나, 찰스네가 매기네 집안처럼 커질지 모른다는 생각이 들면서 제니의 고민이 시작된 것이다.

옛날 할아버지 대에서부터 서쪽 지방 사람들과 친하게 지내면서 제니는 우위를 가질 수 있었고, 찰스네의 일부도 점령할 수 있었던 것이었다. 그런데 그 찰스가 서쪽 사람들과 같이 친구가 되어 다시 집안을 일으키게 되었고, 매기와도 친하게 지내면서 급격하게 부자가 되기 시작하였다. 지금까지 제니가 서방 사람들의 유일한 동쪽 친구라고 자부해왔는데 이제는 찰스네도 친구가 되기 시작하니, 찰스의 입지가 더 강해지면 제니는 어떻게 서방 친구들과의 관계를 유지하지?

찰스가 부자가 되면서 매기네와 같은 수준의 무기를 보유하려고 하고 있으니 앞으로 어떻게 하지? 매기가 반대해도 찰스는 계속 힘을 강화시키고 있으니 제니는 어떻게 해야 하지? 제니는 자신을 스스로 지킬 수 있는 무기가 부족하다고 판단하여 계속 매기에게 부탁하여 조금씩 준비해왔으나 그것으로는 찰스의 커지는 힘을 막을 수 없을 것 같아서 매우 걱정하고 있다.

과거에 제니가 찰스에게 했던 나쁜 행동들에 대해서 제대로 사과도 안했는데 찰스가 세진 다음에 제니에게 다그치면 어떻게 해야 하지? 가끔 기회가 있을 때 찰스에게 과거의 일을 물어보면, "다 지나간 일이다!" 라고 말을 하는데 그게 진짜일까? 참았다가 결정적일 때 따지고 나온다면 어떻게 하지?

사실 제니는 매기의 말만 듣고 열심히 돈을 벌고 서쪽 친구들과 어울려 지내기에만 집중을 하면서 동쪽 동네사람들에게 소홀히 한 점이 많다. 과거에 피해를 준 것에 대하여도 소극적으로 사과 하였다. 사실 매기에게 졌으니 매기에게는 적극적으로 사죄하고 매기가 하라는 대로 다 해왔으나, 동쪽 동네사람들에게는 적극 적으로 행동하지 못한 게 사실이다. 경제적으로 잘 살기 위해서 제니가 도와준 것은 여러 번 있으나 진심어린 사과를 한 적이 없 다는 것을 이제야 느낀 것이다. 그렇다고 지금까지의 태도를 갑 자기 바꾸어 사과하는 것도 어색하니 그렇게 할 수도 없다.

굳은 결심을 한 슬픈 제니

찰스가 강국이 되면, 제니에게 과거의 죄를 물을 텐데 이것은 피 할 수 없는 것 같다고 제니는 생각하게 된다. 더욱더 군사적으로 압박한다면 대비가 부족한 제니로서는 반격하기 어려우니 굴복 할 수밖에 없을 것이다. 할아버지 대에 매기에게 한번 당했으면 됐지, 또 다시 찰스에게 당할 수 있다는 생각은 하기도 싫다.

동쪽 동네사람들에게 계속 과거의 행위에 대해 사과를 제대로 한 적이 없었는데 갑자기 찰스네에만 사과하는 것도 매우 어색 하다. 더더욱 진심어린 사과를 한다고 해도 찰스네가 받아줄 것 같지 않다.

아무리 생각해도 찰스네가 매기처럼 집안이 커지게 된다면 제니 는 살아남기 어려울 것 같다. 그래서 매기와 찰스가 서로 싸우게 만드는 것이 제니로서는 최선의 대안인 것으로 판단하게 되었 다. 서로 싸우게 되면 매기가 제니에게도 군대를 적극 양성하라 고 할 것이다. 그렇게 되면 제니도 힘을 더 비축하게 되어 찰스가 쉽게 공격을 할 수 없게 되겠지!

찰스와 매기가 싸우게 되면 다시 모든 세계가 시끄러워지겠지만 제니에게는 이것이 유일한 생존전략으로 보인다. 모든 마을의 평화가 깨지고 다시 양쪽이 싸우게 되어야 제니가 지금까지 누리고 온 지위를 유지하게 되니 할 수 없는 일이다. 찰스와 매기가 친구가 되는 것은 어떻게든 막아야 한다!

찰스와 매기가 친구가 되면 제니가 매우 곤란해진다. 서쪽 친구들도 찰스와 더 잘 지내게 될 것이고 지금까지 제니가 해왔던 역할이 대부분 없어질지도 모른다.

제니는 어떻게 살아야 하나? 유일한 길인 매기와 찰스가 서로 싸우게 만들면서 힘을 비축하는 수밖에 없다. 제니는 이렇게 결론을 내리고 나아가고 있는 것 같다.

사실 내가 보기에는 다른 길도 있는데 제니가 너무 극단적인 길을 선택하는 것 같아서 안타깝다.

제니가 다소 늦었지만 찰스와 동쪽 마을사람들에게 진심어린 사과를 하고 앞으로 서로 잘 지내자고 말하면 되는데…!

그것이 자존심이 상할지 모르지만 동쪽 동네의 평화로운 발전을 위하여 매우 중요한 것인데.

매기와 찰스가 싸우게 된다면 제니만 행복하게 사는 것이고, 나머지 모든 동네사람들은 평화로운 생활을 포기하고 다시 싸움을 하면서 힘들게 살아야 하는데.

만약 제니의 계획과 달리 매기와 찰스가 친구가 된다면 동네에서 제니만 외톨이가 되는데.

제니의 결정에 대하여 나는 참 안되었다고 제니를 느낀다.

슬픈 제니! 더 좋은 길이 있는데 힘들게 나가겠다는 제니! 그 모습이 너무나 엄숙하지만 나는 너무 불쌍하게만 느껴진다. 지금이라도 생각을 바꿔 제니야! 더 좋은 길이 있어!

CHAPTER2

한국을 위한 '진짜토론'을 시작하라

'진짜토론'을 통해 최선의 수를 찾아라

이제부터는 한국의 차이나 리스크를 토론할 때 우리가 어떤 방법으로 대처하는 것이 최선인가를 찾아보는 '진짜토론'을 시작해야 한다. 그러기 위해선 그동안 나온 대안들을 보면서 한국이 그 대안을 채택했을 때 어떤 위험이 있는지를 분석하는 '코리아 리스크'에 대한 평가가 선행되어야 한다.

지금까지 토론된 내용을 통하여 볼 때 검토해야할 코리아 리스크는 크게 다섯 가지다.

코리아 리스크 ① 북한을 포기하고 현상유지만 하는 것

② 무력통일을 선택하는 것

③ 무력통일을 당하지 않는 것만 검토하는 것

④ 강대국의 선택을 강요받아 따라가는 것

⑤ 한국을 진정으로 사랑하지 않는 소수의 엘리트가 결정하는 것

이제 하나의 대안을 선택하였을 때 한국의 위험, 코리아 리스크를 살펴보기로 하자.

코리아 리스크 1. 북한을 포기하고 현상유지

통일을 하고 싶지만 여러 가지 이유를 들어 북한은 북한대로, 한국은 한국대로 나아가는 것을 선택하자는 것이다. 이유들을 하나씩 검토해보면 전부다 현실성이 없다. 근거는 다음과 같다.

첫째, 북한이 핵을 포기할 생각도 안 하고 강대국들과 6자 회담을 해도 효과가 없으니 북한의 문제는 강대국에게 맡기고 한국은 경제발전에만 집중하자는 것이 제일 많이 드는 이유인데, 북한 문제가 해결되지 않으면 한반도의 평화와 안정은 있을 수 없기 때문에 이 대안은 비현실적이다.

둘째, 북한을 포기한다는 것은 우리가 북한을 포용할 의지와 능력이 없다는 걸 전제하는데 이것 또한 받아들일 수 없다.

2015년 기준 세계 경제 11위 국가로 성장한 한국이 하나의 마음

으로 나아간다면 못할게 있겠는가? 세계 11위의 경제력에서 뒷받침할 수 없다면 도대체 몇 위가 되어야 가능하단 말인가?

게다가 지금 가지고 있는 한국의 자원을 통일비용에 한 푼도 쓰지 않겠다고 선언하는 것은 '나라에는 관심 없고 우리끼리 잘 먹고 잘 살겠다'라는 것을 의미한다. '편하게 먹고 살기만 하겠다'라는 것은 국가나 민족을 무시하는 것이다. 한 나라의 국민이라면 국가도 생각해야 하는 것이 당연한 일이다.

셋째, 북한도 한민족이며 남북 이산가족의 슬픔을 달래줄 방안을 찾아야 하는 것이 현실이다. 한민족의 문제를 강대국의 처분에 맡기는 것은 있을 수 없는 일이다.

넷째, 북한을 포기하는 것은 '스스로 누워서 침을 뱉는 행위'이므로 받아들일 수 없다. 가족 중 한 명이 잘못한다고 가족이 아니라고 부정할 수 있는가? 가족 한 명이 욕을 먹는다고 나머지 가족도 남들처럼 같이 욕을 할 수 있는가? 우리가 어떻게든 껴안고 가야 할 우리의 운명이다.

코리아 리스크 2. 무력통일

이 주장은 우리가 무력으로라도 통일을 이룩하고 하나의 민족으로 다시 합쳐야 한다는 대안이다. 그러나 이 대안도 여러 가지 문제점이 있어서 받아들이기 어렵다.

첫째, 무력통일을 하기 위해서는 전쟁이 불가피한데 또다시 한반도에 전쟁이 일어난다면 몇 백만 명이 죽을 수 있다. 아직까지 이산가족의 슬픔이 남아있는데 전쟁을 한다는 것은 말이 안 된다. 또한 그동안 쌓아올린 경제적 성과가 사라지고 폐허 위에서 새로 시작해야 한다. 전쟁의 상처를 한국 스스로 만들면 안 된다.

둘째, 강대국이 무력통일을 시켜줄 수 있다고 말해도 한국은 강력히 거부해야 한다. 왜냐하면 전쟁이 한국에서 일어나면 인명이나 재산 등 모든 피해는 한민족이 다 감당해야 한다. 강대국이 자국의 이익을 위해서지 한반도의 이익을 위해서 통일을 시켜주겠는가? 남의 힘을 빌리는 것은 공짜가 아니다. 항상 대가를 치러야 한다.

한반도의 통일은 평화통일이 되어야 한다. 당장 급하다고 강대국의 꼬임에 넘어가 무력통일을 지지해서는 안 된다. 평화통일이 될 때까지 10년, 20년 기다리면서 준비하면 된다. 국민의 생명을 담보로 전쟁을 일으키려는 선택은 받아들일 수 없다.

셋째, 핵무기를 없애야 한반도가 안전하다고 판단하여 강제로 핵무기를 제거하기 위하여 무력을 사용하는 것도 받아들일 수 없다. 핵무기를 보유하는 것과 핵무기를 사용하는 것은 전혀 다른 문제다. 제2차 세계대전 이후 핵을 실험하는 나라는 몇몇 있었으나, 핵무기를 사용한 나라는 한 곳도 없었다. 원자폭탄이 일본에 떨어졌을 때 가공할 만한 파괴력을 경험했기 때문에 각종 핵무기 사용을 철저하게 통제하고 있고, 모든 핵 보유 국가도 핵을 쉽게 사용할 수 없게 수많은 장치들이 구축되어 있다.

핵무기를 사용한 국가와 세력에 대해서는 철저히 책임을 묻고 다시는 재발하지 못하게 모든 조치를 다 강구할 것이다. 인류의 평화를 위해서, 핵무기를 사용하는 국가는 용서할 수 없다. 지금도 핵무기 보유 국가들이 몇몇 안 되지만 그들이 그 무기를 사용할지도 모른다는 전제하에 핵무기를 제거하기 위한 전쟁을 치른 적은 없다. 북한이 핵무기를 사용할지도 모른다는 전제로 전쟁을 일으킨다는 것은 오히려 북한이 최후의 수단을 선택하게 만드는 기폭제가 될 수도 있다. 외려 핵무기는 명분이고 실제는 다른 의도로 전쟁을 일으키려는 것이라고 생각하는 것이 더 현실적이다. 그래서 어떠한 명분이든 한반도에서 핵무기를 제거하기 위한 전쟁은 받아들일 수 없다.

넷째, 한반도에서 전쟁이 일어났던 경우는 주변 강대국의 힘이 불균형했을 때였다. 조선말에는 청과 조선의 국력이 피폐해지고 일본과 미국, 서구열강의 힘이 강성했을 때 일본에 의해 한반도에서 전쟁이 일어난 것이다. 6·25 전쟁은 미국이 일본만 지키고 한국을 포기하는 애치슨 라인을 발표한 다음 해에 일어났다. 막상 전쟁이 일어나자 미국은 한국이 안전하지 않으면 일본도 안전하지 않다고 판단하여 한국을 도운 것이다. 그러나 한반도가 미국의 영향 하에 있으면 안 된다고 판단한 중국의 개입으로 휴전선을 사이에 두고 전쟁이 종식되었다. 이렇게 한반도는 강대국들이 탐내는 나라며 강대국의 힘이 불균형했을 때 전쟁이 발생했다.

현재의 상황에서 주변 강대국을 보면 4대 강국 모두 어느 정도의 힘을 가지고 있다. 한반도에서 무력통일이 시도된다면 과거 6·25의 경우처럼 강대국끼리의 맞대응으로 상황은 바뀌지 않을 수 있다. 그렇게 되면 한국의 수많은 인명이 죽고, 경제도 황폐화될 것이다. 어떻게 해서라도 이런 상황이 또 오게 해서는 안 된다.

다섯째, 북한의 생화학무기의 제조, 개발을 원천적으로 차단하기 위한 무력 사용도 반대한다.

핵무기와 같이 생화학무기 금지 협약 등 국제적으로 생화학무기 사용을 금지하는 합의가 이미 형성되어 있다. 따라서 생화학무기를 사용하는 나라가 있다면 세계를 적으로 삼게 되는 것이며, 어떤 형식으로든지 응징을 받을 것이다.

어떤 나라가 생화학무기를 국제사회 몰래 제조, 개발할 수도 있다. 그런 경우 경제적 제제와 같은 조치를 강구하면서 주의 깊게 보고 있으면 된다. 만약 생화학무기를 사용했다면 그에 따른 책임을 철저히 물으면 되는 것이지, 생화학무기가 있을지 모른다고 무력으로 침공하는 것은 절대 반대다. 과거의 이라크 사태와 같은 일이 북한에 다시 반복되어서는 안 된다. 침공에 따른 대가는 한국 국민이 거의 다 부담해야 하기 때문에 그런 조치에 대해서는 절대로 반대해야 한다.

코리아 리스크 3. 무력통일을 당하지 않는 것만 검토

북한이 또 한 번 무력통일을 할 수 있는 기회가 왔다고 생각하여 전쟁을 일으키는 일이 생겨서는 안 된다. 즉, 한국이 적절한 군사력을 보유하지 못하거나, 강대국의 힘을 빌린 북한의 기습공격 의도를 전혀 모르는 상황이 된다면 북한이 무력통일을 시도할 수도 있다. 또한 무력통일을 당하지 않기 위해서 과도하게 대응하는 위험도 여기에 포함된다.

첫째, 자주독립국가인 한국으로서 최소한 북한의 군사력보다는 우세적인 군사력을 보유하고 있어야 북한이 단독으로 무력통일을 하겠다는 생각을 하지 못한다. 남한과 북한의 군사력을 비교할 때, 핵을 제외한 재래식 군사력을 기준으로 평가해야 한다. 세계 11위의 경제대국인 한국이 당연히 북한보다 강한 군사력을 보유하고 있다고 생각한다. 혹시 미비된 것이 있다면 빨리 보완해야 한다.

둘째, 생화학무기나 핵무기 등을 무력화시킬 정도의 군사력을 보유해야 한다고 주장하는 것은 과잉 대응이다. 국제적으로 사용이 금지되어 있는 생화학무기나 핵무기까지 대비해서 완벽한 군사력을 키우겠다는 건 전쟁론자의 시작이다. 생화학무기나 핵무기까지 완벽하게 대응하는 것은 현실적으로 불가능하나, 전쟁론자는 끝없이 힘을 추구한다. 한국이 절대적인 군사력을 바탕으로 완전히 북한을 제압할 수 있게 되면 우리의 무력통일이 주장될 가능성이 매우 높아져서 한반도의 평화 유지 내지 평화통일보다는 무력통일을 선호하게 된다. 이런 시각에 대해서는 반대다. 전쟁을 억제시킬 수 있으며 무력 도발 시 이길 수 있는 수준의 군사력을 보유하면 충분하다고 생각한다.

셋째, 북한의 기습공격이나 도발까지 완벽하게 막아야 한다고 목표를 설정하는 것도 과도한 대응으로 보인다. 현실적으로 예상 가능한 모든 기습까지 다 대비할 수도 없으며, 그에 상응하는 체제를 갖추려면 모든 예산을 다 써도 달성하기 어렵다. 따라서 현실적으로는 기습공격이나 도발이 있는 즉시 그에 상응하는 응징을 해서 다시는 그런 생각을 하지 않도록 확실하게 경고하는 방법이 최선인 것 같다. 모든 기습에 대한 사후 대응체제를 명확하게 대비하고 북한이 기습을 할 경우 확실하게 응징하는 것이 중요하다.

넷째, 북한이 다른 강대국의 군사력을 빌린다고 그 수준까지 대비하는 것은 비현실적이다. 중견국가인 한국이 강대국 수준까지의 군사력을 보유해야 한다는 것은 전쟁론자의 과도한 대응일 뿐이다. 모든 강대국을 가상의 적으로 상정하여 군사력 강화를 주장하는 것은 터무니없는 환상일 뿐이다.

강대국과의 우호적인 관계를 유지하여 그런 일이 없도록 사전에 방지하는 것이 최선의 정책이다. 한반도를 둘러싼 강대국과의 지속적이고 원활한 대화 및 교류를 통하여, 강대국들을 한반도의 평화를 유지하고 평화통일을 지원해주는 친구로 만들어야 한다.

다섯째, 한국은 북한과 강대국에 대한 정보수집 능력을 강화해야 한다. 국정원과 국군은 '한반도 평화의 지킴이'로서의 역할을 확실히 해야 한다.

이스라엘은 세계 최고의 정보수집력을 가지고 있다고 알려져 있다. '모사드MOSHAD'라는 이스라엘 정보기관은 중동 주변국에 대한 정보수집이 뛰어날 뿐 아니라, 이스라엘에 영향을 줄 수 있는 전 세계의 정보도 잘 수집하고 있다고 평가받는다.

한국도 자주독립국가가 되려면 주변국의 정세 및 동향에 대한 세계 최고의 정보기관이 필요하다. 주변국이 모두 세계적인 강대국 미국, 중국, 일본, 러시아이므로 상당히 많은 투자를 해야 정보를 정확하게 수집할 것이고, 다른 국가의 움직임을 보고 사전에 적극적으로 대응하며 한반도의 평화 유지를 담당하는 당당한 기관으로 다시 태어나야 한다. '한반도의 평화를 지키는 지킴이'로서 국정원과 한국 군대가 큰 역할을 해야 한다.

그동안의 국정원에 대한 평가를 보면 국내 위주로 사찰을 하면서 많은 비난을 받은 모양새다. 그러나 이것도 국가적 기능을 기준으로 평가해야지 개인이 잘못했다고 그 기능이 위축되어선 안 된다. 개인적인 잘못은 고치고 다시는 그런 일을 못하게 제도를 개혁하고 해야 할 일을 명확하게 주면 되는 것이지, 하나가 문제 있다고 필요한 부문까지 축소시켜서는 안 된다고 생각한다.

분단국가인 현실에서 평화를 유지시키기 위한 국정원의 역할이 강화되어야 할뿐 아니라, 평화통일이 되고나서도 완전한 자주독립 국가가 되기 위해서는 스스로 나라를 지킬 수 있도록 군과 정보기관의 역할이 더욱 더 커질 것이다.

코리아 리스크 4. 강대국의 강요된 선택을 따르는 것

미국과 중국이 경쟁구도로 가면서 미·중 경쟁이 더욱 가속화된다면 세계는 다시 강대국으로 인해 나누어질 수밖에 없다. 이렇게 전 세계가 나누어지면 한국은 선택을 강요받을 것이다. 한국이 그 중 하나의 강대국을 따라야 하는 것이 코리아 리스크 4이다.

첫째, 현재 한국은 '안보는 미국에, 경제는 중국에', '미국, 중국과 같이 나가자' 등 현실적인 전략을 탐색 중이지만, 두 세력이 블록화가 되면 어느 하나를 선택할 수밖에 없는 상황이 오게 된다. 한국의 경우 북한의 핵문제로 인해 한반도의 평화 유지가 급선무인데 세계경제가 블록화되면 매우 힘든 상황이 된다.

따라서 미국과 중국이 서로 블록화되는 것을 막는데 최선을 다

해야 한다. 사실 중국의 경제발전은 자유주의체제 내에서 이루어진 것이므로 중국을 세계에서 분리하는 것은 거의 불가능하다. 세계는 이미 중국과 미국이 계속 같이 갈 수 밖에 없는 체제로 구축되었다. 때문에 양국의 대립을 강조하는 국가는, 예컨대 일본의 경우처럼 미국과 중국이 친해지면 자국의 이익이 크게 손상당하는 국가의 주장일 뿐이다. 따라서 미국과 중국이 지금처럼 서로 협조하게 하는 것이 가장 현실적이며 최선의 대안이다. 그리고 일본의 의도가 무엇인지를 전 세계가 알 수 있게 노력해야 한다. 세계가 미국과 중국으로 블록화되어서는 안 된다.

둘째, 미국과 중국이 서로를 가상의 적으로 가정하고 무력충돌의 가능성에 대비하는 체제로 나간다면 한국에 치명적인 위험이 오게 된다. 미국과 중국이 서로 친구가 되어야 세계가 평화로운 발전을 할 수 있는데 양국이 싸우려고 한다면 20여 년 만에 다시 '냉전체제'로 복귀하는 것이다. 냉전체제가 돌아온다면 무역도 급속히 감소될 것이고, 군사부문의 지출도 급격하게 팽창할 것이다. 이 기회를 이용하여 일본이 재무장에 성공하게 된다면 제2의 아시아 지배를 꿈꿀 수도 있다. 제국주의 시대가 다시 오게 되는 것이다.

이렇게 되면 한반도가 제일 위험해진다. 미국과 중국이 만나는 충돌점인 한반도에서 북핵을 이유로 전쟁이 폭발할 수도 있기 때문이다. 어떻게든 이런 사태가 생기지 않도록 막아야 한다.

셋째, 중국이 자신의 힘으로 G1이 되고 주변국에 무관심하게 지내는 것도 한국에 큰 위험이다. 세계 최고의 경제력을 보유한 이웃 국가와 같이 발전할 수 있는 가능성을 하나도 활용하지 못하게 되는 것이다. 중남미에서 미국과 적이 되면서 고립되어 있는 쿠바의 상황처럼 한반도가 되는 것도 받아들이기 어려운 상황이다. 중국이 세계 최고의 경제력을 가지고, 한국을 배제한 나머지 국가와 같이 발전한다는 것도 한국으로는 받아들일 수 없다.

코리아 리스크 5. 소수의 엘리트에 의한 결정

한국이 이익집단의 합일점을 찾지 못하고 계속 선택을 주저하게 된다면, 결정적인 순간에 이르러 소수의 엘리트가 의사를 결정할 수밖에 없는 것이 한국의 리스크다. 그 때 누가 어떤 결정을 하느냐에 따라 한국의 운명이 결정된다. 위험성은 다음과 같다.

첫째, 국민적 합의 없이 갈등이 계속되면 해당 시기 집권층인 소수 엘리트가 의사 결정을 해야 한다. 어차피 국민적 합의는 불가능하니 그들은 자신들의 이익에 제일 적합한 안을 선택할 것이다.

'대의'를 위해서 '소수의 희생'이 불가피하다고 믿는 엘리트주의는 국민의 입장에서 다시 생각해봐야 한다. '소수'의 희생이 전쟁으로 인한 몇 백만 명의 인명을 의미한다면 '소수'의 희생이 아닌 '다수'의 희생이 된다. 또한 '대의'도 자신들이 선택한 것만 대의가 있는 것은 아니다. 평화도 대의이고 경제발전도 대의다.

국민의 생명이 달려있는 사항에 대해서는 아무리 힘들어도 사전에 국민적 합의로 결정하는 것이지, 소수의 엘리트가 합의점을 찾기 어렵다고 일방적으로 결정할 문제는 아니다.

둘째, 강대국에게 선택을 강요받고 조급하게 결정할 위험성도 있다. 한국의 장기적인 이익을 고려해야 하는데 단기적인 경제나 안보를 이유로 성급하게 결정하여 오히려 한반도의 평화를 해치는 일도 발생할 수 있다.

셋째, 한국인의 관점에서 검토해야 하는데 강대국의 관점에 대항하여 한국이 선택할 힘이 없다고 생각하여 어느 강대국을 선택할 수도 있다. 이것은 한국이 자주독립국가임을 포기하는 행위다. 조선 말기처럼 외세에 의존해서 국가적 사안을 선택하는 일이 반복되어서는 안 된다.

넷째, 최악의 시나리오를 가상하여 선택하는 것도 조심해야 한다. 잠재적 위협을 실질적 위협으로 생각한다든지, 모든 상황에 대비할 수 없으니 차라리 어느 강대국과 같이 편하게 가자라고 생각하는 것도 매우 큰 리스크다.

다섯째, 항상 국제사회의 흐름은 바뀔 수 있다. 한국이 지금 상황이 불변한다는 가정하에 조급하게 선택할 수 있는데 그래선 안된다. 강대국이 어느 순간 상황의 변화에 따라 갑자기 입장을 바꾼다면, 한국이 조금만 더 기다렸을 때 좋아질 기회를 스스로 포기하는 것이다.

한국의 입장을 단호하게 밝히고 끝까지 최선을 다해서 노력해야 한다. 밖에서 볼 때 강대국의 하나의 목소리도 내부에서 보게 되면 다양한 목소리가 있다는 것을 종종 알게 된다. 시간을 가지고 한국의 입장을 계속 설득하는 노력을 끝까지 포기해서는 안 된다.

여섯째, 강대국이 자신의 입장을 쉽게 바꾸지 않겠지만 한국도 적어도 한반도에서의 일은 우리의 동의 없이 강대국이 일방적으로 하기는 어렵다. 한반도 내에서의 전쟁반대, 평화 유지는 한국이 주장할 수 있으며, 우리가 끝까지 전쟁을 반대한다면 전쟁은 일어나지 않게 만들 수 있다. 대신 경제 등의 보복수단을 당할 수 있는데 어느 것이 더 중요한 문제이냐는 국민이 합일하여 결정해야 한다. 소수의 엘리트가 정해선 안 된다.

★ '소수'의 엘리트와 '소수'의 희생

4부

차이나 리스크를
넘어서

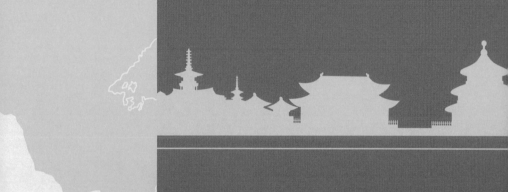

1. 자주독립국가 한국

2. 세계에 선포하는 한국의 선택

3. 중국에 대한 한국의 자세

자주독립국가 한국

강대국이 탐내는 나라 '대한민국'

한국은 미국, 중국, 러시아, 일본을 이웃국가로 두고 있다. 이들의 입장에서 한국은 모두 다 탐낼 만하다.

미국의 경우, 일본을 지켜야 아시아에서의 주도권을 계속 보유할수 있다. 일본을 지키면서 중국과 러시아를 견제하기 위해서 한반도를 미국편으로 유지하는 것이 필수다. 한반도가 중국이나 러시아로 넘어간다면 일본의 방어에 더 많은 예산과 노력을 기울여야하기 때문에 한반도를 방어해야 하는 것이다. 과거에 미국이 일본만보호하겠다는 '애치슨 라인'을 선포한 이후 러시아와 북한이 6·25전쟁을 일으키자, 미국은 한반도의 중요성을 느끼고 많은 희생을감수하고 다시 한반도를 수호하게 되었다.

4부 차이나 리스크를 넘어서 177

러시아에게도 부산항은 매우 탐나는 부동항不凍港이다. 블라디보스토크도 부동항으로서 중요한데 부산항은 그에 비해 훨씬 더 안전하고 좋은 항구다.

일본의 경우, 이조李朝 말에 조선을 침략한 이후 한반도를 만주 및 중국 진출의 교두보로 삼았다. 지금 한국이 중국이나 러시아로 넘어가는 일은 일본은 상상도 하기 싫은 상황일 것이다. 일본은 한반도의 통일보다는 현상유지에 더 강한 집착을 보이는 것 같다. 북한과의 독자협상 등을 추진하면서 등거리 외교를 하는 것이다.

중국에게도 한반도는 양보할 수 없는 땅이다. 6·25 전쟁 때 미군과 UN군이 압록강을 넘어올 것 같으니 1949년에 중국을 통일시키느라 여력이 없는 상황에서도 1년 만에 다시 전쟁에 참가했다. 한반도를 미국에 뺏기면 안 되기 때문이었다. 그만큼 한반도는 중국에게 중요한 땅이다. 중국은 한반도를 경제보다는 안보라는 측면에서 매우 높게 평가한다.

한국의 입지는 주변 강대국이 모두 탐내는 땅이다. 싫든 좋든 이러한 현실을 받아들여야 한다. 중요한 것은 우리가 정신을 제대로 차리지 않는다면 강대국들이 자신의 이익을 위해 한반도를 이용하려고 할 수 있다는 사실이다. 6·25처럼 우리의 선택과 상관없이 다시 전쟁이 발발하는 상황이 생기는 것은 막아야 한다.

★ 강대국 사이에서 한국의 선택

주변국의 군비확장 경쟁 가속화

일본의 경우 아베 신조의 기치 아래 자위대를 독자적인 전쟁수행이 가능한 규모로 확대, 개편하고 있다. 세계 3위의 해군력을 더욱 강화하고 있으며, 국방예산도 5조 엔(한화 50조 원) 규모로 확대하고 있다.

중국의 경우, 2015년 한화로 170조 원에 가까운 국방비를 지출하고 있다. 10년 후 항공모함 5척을 가지는 것을 목표로 매년 해군력을 강화시키고 있다. 아마도 미국에 대항할 수 있는 수준으로 해군력을 키우고 있는 것 같다.

국제정치 부분에서 '안보 딜레마'라는 말이 있다. 전쟁을 억제하기 위하여 한 나라가 군사력을 강화하면 상대국도 방어를 위해 군사력을 더욱 강화시키게 된다. 군비확장이 가속화되면서 서로 안보에 대한 자신감을 갖게 될 정도까지 군대가 확장된다. 그런데 문제는 각국이 이런 군사력을 보유하고 있을 때 전쟁 가능성은 더욱 높아진다는 것이다. 계속되는 군비확장에 긴장상태가 지속되면서 한 나라가 기습공격을 하면 이길 수도 있다는 생각이 드는 순간, 전쟁이 발발할 확률은 더욱더 높아지게 된다. 이렇게 평화 유지를 위한 군비확장이 오히려 전쟁이 일어날 확률을 높이는 현상을 안보 딜레마라고 한다.

한국은 어떻게 해야 하나?

흔들리는 한국, 스스로 선택하자

한국이 흔들리는 중요한 이유는 크게 세 가지 때문이다.

첫째, 중소규모의 국가라서 경제적으로 자립하기도 힘들고 정치·군사적으로 자립이 불가능하다.

둘째, 지정학적으로 강대국이 모두 탐내는 나라다. 그러다보니 각 나라가 모두 자신들에게 유리하게 행동하기를 바란다.

셋째, 국민들이 실리만 추구하면서 국가에 대한 의식이 약해지게 되니 국민들의 생각을 하나로 모을 수 없다.

이렇게 계속 흔들릴 경우, 선택을 강요받는다. 한국이 계속 방향을 잡지 못하고 산다면 100년 전 조선 말기와 같은 상황이 오게 될 것이다. 나라는 피폐해지고 힘은 없으니 외세를 부를 수밖에 없다. 그렇게 한반도를 놓고 싸우다가 승리한 강대국에 의해 한국은 지배받게 될지도 모른다.

그러나 지금의 한국은 그때와 다르다. 경제발전과 민주화도 이룩하였고 세계 11위의 국가로 우뚝 서게 되었다. 우리가 정신을 차리고 있으면 그런 상황이 오는 것을 막을 수 있는 힘이 생긴 것이다. 또한 전쟁의 아픔을 아직도 느끼는 한국은 다시 한국에서 강대국에 의한 전쟁이 터지는 것을 용납해서는 안 된다. 이제는 우리가 힘을 합쳐서 우리의 길을 찾아야 한다.

한국의 길은 한국 스스로 선택하자.

첫째, 한국에서의 전쟁은 용납해서는 안 된다. 다시 전쟁이 일어나면 백만 명 이상의 인명이 희생될 수 있다. 그동안 우리가 쌓아온 모든 것들이 다 없어지게 된다. 'No War!'가 절대적인 한국의 가치관이 되어야 한다. 어떤 강대국이 무력으로 한반도를 통일하게 해주겠다고 해도 전쟁은 반대해야 한다. 평화통일이 힘들다면 방안이 나올 때까지 몇 십 년을 더 기다리면서 준비하면 된다. 오랜 기간 동안 준비할수록 통일 후에 한 나라로서 더 쉽게 통합될 것이다.

둘째, 한반도의 평화통일을 선택하자. 어느 한 강대국을 우리의 길로 선택하면 안 된다. 한반도 평화통일을 새로운 꿈으로 선택하자! 한반도가 평화통일이 되면 우리는 자주독립국가가 될 수 있다. 강대국 사이에서 경제적 실리추구도 한계가 있고, 계속해서 한국의 성장동력을 찾는 것도 거의 한계에 도달한 것 같다. 이제는 우리나라의 발전을 위해 평화통일이라는 새로운 성장동력을 위해 나아가야 한다.

셋째, 평화 유지와 평화통일을 위하여 전 국민이 뜻을 같이하고 함께 나가야 한다. 국민이 분열되었을 때 외세가 그 틈을 타고 들어오는 것이다. 한반도가 남북으로 나누어진 틈을 타고 강대국이 들어온다. 우리가 우리의 희망과 새로운 꿈을 향하여 하나로 단결하여 나간다면 다른 어느 나라도 우리에게 선택을 강요할 수 없다.

우리가 전 세계의 평화를 위하여 평화를 선택한다면 그들도 우리를 도와주게 되는 것이다.

평화통일이 되기까지는 평화로운 한반도가 최고의 목표

한반도의 평화를 유지하고 전쟁이 다시 일어나지 않게 하는 것이 현재로서는 최선의 목표인 것 같다. 이점에 대해서는 모든 국민이 다 같은 생각을 가지고 있다고 생각한다.

우리의 목표를 주변국에 명확하게 알리는 노력도 열심히 해야 한다. 주변국이 한국에 이런저런 요구를 할 때, 그것이 한반도의 평화 유지에 도움이 된다면 우리도 적극적으로 지원하자. 그러나 그들의 요구가 강대국끼리의 경쟁에 우리를 이용하려는 것이라든가, 그 요구를 받아들였을 때 전쟁이 일어날 확률이 높아진다면 단호히 거절해야 할 것이다. 대외정책에 있어선 일관되게 한반도의 평화 유지를 말해야 한다.

대내적으로는 군사, 외교 등의 분야에서 한반도의 평화 유지, 전쟁반대를 기준으로 모든 정책을 재검토해야 한다. 경제적 이득을 조금 더 얻기 위해서 전쟁 가능성을 높이는 정책을 채택해서는 안 된다. 한반도의 평화 유지를 위해서 전쟁위험성을 높이는 경제적, 경제외적 정책과 이득은 과감하게 포기해야 한다. 작은 이익을 탐내려고 전쟁을 유발하는 방향으로 나가면 안 된다.

우리의 평화 유지를 위하여 한국군의 전력을 강화시키고 국제정보수집능력을 제고시켜야 한다. '한반도 지킴이'로서 군대와 정보기관이 새로 탄생해야 한다. 그리고 대내적으로 평화운동을 벌이고 대외적으로 우리의 의지를 천명해야 한다.

PEACE MOVEMENT! NO WAR MOVEMENT!

세계에 선포하는
한국의 선택

세계를 향한 한국의 선언

(1) UN에게 부탁한다

6·25 전쟁 때 한반도를 지키기 위해 UN이 노력해준 결과로 대한민국은 성공적인 경제발전도 이룩하여 세계 경제 11위의 국가가 되었고, 민주국가로서도 거듭 태어나게 되었다. 전 세계의 평화를 지키는 최고기구인 UN에 한국인의 감사한 마음을 다시 표현한다. 한국은 이제 다시 한반도의 평화 유지와 평화통일을 새로운 꿈으로 선택하였다. 우리의 꿈은 평화롭게 사는 것이고, 평화롭게 한반도가 통일되는 것이다. 우리는 이 꿈을 향하여 전 국민이 노력하여 길을 찾을 것이다. 전쟁의 상처를 아직도 가지고 있는 대한민국은

무력에 의한 통일을 반대한다. 또한 한반도가 강대국의 싸움터로 되는 것도 용납할 수 없다. 통일을 향한 길고 긴 여정을 따를 것이고 길이 보이지 않아도 포기하지 않고 새로운 길이 열릴 때까지 기다리면서 남북의 평화통일을 추구하겠다.

다시 한 번 한반도의 평화 유지와 더 나아가 한반도의 평화통일을 위하여 UN의 지지를 요청한다.

① 전쟁의 아픔을 아직도 해소하지 못하고 있는 우리로서는 다시 한반도에서 전쟁이 일어나는 것에 반대한다. 어떤 명분이든지 한반도가 강대국의 싸움터가 되는 일은 절대로 반대한다.

② 한반도의 긴장을 높일 수 있는 조치들에 대해서는 반대하고 한반도의 평화통일 가능성을 높일 수 있는 조치들은 적극 환영한다.

③ 한국의 평화를 유지하고 더 나아가 한반도의 평화통일을 지원해주는 국가가 한국의 친구이다. UN이 모든 나라가 한국의 친구가 될 수 있도록 적극 지원해주기 바란다.

④ 평화통일은 우리의 꿈이지만 무력으로 통일하는 것은 반대한다. 평화통일의 적절한 시기가 올 때까지 기다리면서 나아가겠다.

(2) 미국에게 부탁한다

한 번의 전쟁에서 UN과 힘을 합쳐서 한국을 구해주었고, 경제개발과 민주주의 발전과정에서도 미국은 절대적인 지원을 해주었다. IMF 이후 극복 과정에서도 미국이 큰 도움을 주었다. 한국은 미국에 대해 고맙게 생각하고 있다. 이제 우리가 제3의 목표인 한반도 평화통일을 위해 나아갈 것이니 미국도 지금까지와 같이 전폭적인 지지를 부탁한다.

한반도가 또 다시 강대국들의 싸움터가 되는 것은 절대 반대한다. 일본은 군대를 포기하고, 아시아 평화주의를 선언해야 한다. 그래야지 아시아 국가들이 아시아의 일원으로서 인정해 줄 수가 있다. 지금같이 제2차 세계대전의 잘못을 진정으로 사과하지 않고 중국을 핑계로 군대를 재무장을 하려는 것은 '과거의 제국주의로 가려고 한다'라고 해석될 수밖에 없다. 이런 일본을 지지한다는 것은 나치를 지지하는 것과 같다. 일본의 거짓말을 믿지 말고 냉정하게 아시아 국가들의 마음을 다시 생각해야 한다.

미국이 일본의 행위에 대한 아시아인들의 마음을 이해할 수 없으니, 아시아인끼리 잘 해결하라고 말하는 것은 이해할 수 없는 태도다. 나치에 대해서는 다시는 그런 일이 없어야 한다고 적극적으로 주장하는 미국이 나치와 같은 일본의 행위에 대해서는 관대함을 보이며 오히려 옹호하는지 이해가 안 간다.

세계의 평화 유지를 위해서 미국과 중국은 친구가 되어야 한다. 미국과 중국이 친구가 되어야 진정으로 세계가 평화롭게 발전할

수 있다. 부족한 점은 서로 보완하면서 나아가는 것이 세계 리더국
가의 역할이다. 서로를 억제하고 견제만 한다면 진정한 평화를 원
하지 않는 국가임을 세계에 알리는 것과 같다. 세계가 20여 년 전의
냉전체제로 돌아갈 위험은 없어야 한다.

　미국의 '진보주의'와 중국의 '평화주의'가 서로 어울리면서 같이
가야 세계가 더 평화롭게 발전할 것이다. 중국이 전 세계에 기여할
수 있는 일을 못하고 있다면 미국이 그 일을 찾아주고 할 수 있게
격려해주어야 한다.

(3) 일본에게 부탁한다

　일본이 진정으로 아시아의 발전을 원한다면 먼저 다음의 세 가지
를 수행해야 한다.

　하나, 제2차 세계대전 때 아시아 각국에 입힌 피해를 정식으로
사죄해야 한다. 독일과 같은 수준의 사죄에 실질적인 행동들을 보
여야 한다.

　둘, 군대를 포기하고 평화주의를 선언해야 한다.

　아시아에서 중국과 대결구도로 가는 것보다 일본이 중국과 협력
하여 아시아를 발전시킬 수 있도록 노력해야 한다. 중국과 대결구
도로 간다면 또 다시 100년 전처럼 중국을 이긴 뒤 아시아를 점령
하고 군국주의로 복귀하려는 의도로 이해할 수밖에 없다. 군대를

포기하고 평화선언을 하고서 아시아 각 국과의 공동발전을 제시해야 비로소 아사아의 리더가 될 수 있는 것이다.

셋, 미국에게 평화를 추구한다고 거짓말하지 마라.

미국에게 평화주의로 위장하고 일본의 군대 재무장을 설득하는 것은 전후의 나치를 미국이 받아주라고 요구하는 것 같다. 일본의 의사를 미국이 받아주는 것은 전 세계의 평화주의원칙을 위배하는 것이다. 미국에게 평화주의라고 거짓말을 하며 결과적으로 미국이 나치를 공인하게 만드는 역할을 더 이상 하지마라.

우리의 단호한 의지를 일본에게 말한다. 과거의 역사처럼 일본이 다시 한 번 한반도를 이용하게 만들지 않겠다. 한번 점령당했으면 됐지, 두 번째 다시 그런 상황이 온다는 것을 상상하기도 싫다. 이제는 우리나라도 경제적으로 11위 국가가 되었기 때문에 일본이 이상한 의도로 접근하는 것에는 단호하게 대처할 것이다.

★ 세계에 보내는 한국의 메세지!

① 한반도에서 다시 전쟁이 일어나는 것을 반대한다. 전쟁의 아픔과 슬픔을 또 겪고 싶지 않다.

② 독일, 베트남, 대한민국 중 유일하게 통일이 되지 않은 나라가 한국이다. 우리는 이제 평화통일을 위해 나아간다. 다른 나라가 어떤 이유로든지 무력으로 통일하라고 하는 것은 반대한다. 여건이 될 때까지 기다리겠으며 우리는 때가 되면 평화통일을 하겠다.

③ 평화통일이 되기까지는 평화 유지에 최대한 노력하겠으며 한반도의 긴장을 높이는 외국의 어떤 조치도 반대한다.

④ 다시 군국주의로 돌아가기 위한 일본의 군사력증대에 반대한다.

⑤ 한반도의 평화 유지를 위하여 북한이 오판하지 않을 정도의 군사력과 대외정보수집능력을 강화하겠다. 일본이나 중국 등 이웃국가를 가상적으로 상정하여 군대를 강화하지 않겠다.

⑥ 한반도의 평화 유지와 평화통일을 지지해주는 국가가 한국의 친구이며, 한반도에서 전쟁 가능성을 높이는 국가는 한국의 적이다.

⑦ 미국과 중국은 친구가 되어 같이 나아가라. 서로 힘을 합쳐서 아시아와 세계의 평화를 유지하라.

중국에 대한 한국의 자세

한국만의 시각으로 중국을 보자

한국은 자주독립국가다. 자주독립국가라는 것은 정책을 국민이 스스로 선택하여 결정하는 국가라는 것을 의미한다. 다른 국가에 의해 선택을 강요받아서는 안 되고 더욱이 강요되는 것은 참을 수 없는 일이다. 한국 국민이 여러 가지로 모든 요소를 세심하게 검토한 뒤 국가 이익에 최선인 정책을 선택해야 한다.

중국을 제대로 이해하기 위해서는 우리가 직접 중국을 이해해야 한다. 중국어를 배우고 중국문화를 이해하면서 중국인과 직접 대화해야 한다. 일부 사람들처럼 미국인이 말하는 중국이나 일본인이 말하는 내용을 토대로 중국을 판단하는 것은 매우 위험한 생각이다. 미국은 세계적 리더를 유지하고 중국이 그 위치를 넘보지 못하도록 해야 한다는 전제하에 중국을 말하기 때문에 편견이 섞여 있다. 일본의 편견은 더 심하다. 중국이 강해지면 일본이 다칠지도 모른다는 가정을 바탕으로 말하는 경향이 있다.

유럽인들이 말하는 중국은 매우 객관적으로 보인다. 유럽은 중국의 부상을 하나의 추세로 인정하고 어떻게 하면 같이 갈 수 있는가를 검토하기 때문에 미국이나 일본보다는 객관적인 관점이라 할 수 있다.

한국인은 중국을 제일 잘 이해할 수 있다. 그렇기 때문에 직접 중국인과 교류하면서 중국을 알아 가야 한다. 중국어도 서구인보다 쉽게 배울 수 있으며, 신문이나 인터넷도 분석 할 수 있다. 서양인은 한자를 포기하기 때문에 문맹과 같다. 대화를 통해서만 이해해야 하며 영어로 발표된 자료만으로 중국을 분석한다. 그러나 한국인은 중국 글도 이해가 가능하고 중국 인터넷도 찾아볼 수 있기 때문에 서양인보다 훨씬 더 분석을 잘 할 수 있다.

또한 중국문화에 대해서도 한국인은 어렵지 않게 이해할 수 있다. 같은 동양 문화권을 공유하기 때문에 서양인들보다 훨씬 쉽게 중국인을 이해할 수 있다. 우리가 아무리 영어를 잘해도 서양인의 일부 사고는 이해가 안 되듯이, 서양인이 중국어를 아무리 잘해도 문화차이에서 오는 일부 말이나 행동은 이해하기 어렵다.

이제는 중국을 우리의 눈으로 직접 이해하고 판단하자. 우리 스스로 노력해야 객관적으로 중국을 이해하게 되는 것이다.

한국과 중국은 같은 동양문화권이다

중국에서 중국인을 만나면 만날수록 우리와 비슷하다는 느낌이 든다. 필자가 10년간 중국어를 배우면서 중국 사람들을 만나다 보니 이제는 대개 눈치로 분위기를 파악하는 수준까지 됐다. 무슨 말인지 정확하게 듣지 못했어도 제스처나 말하는 목소리 등을 고려해 무슨 뜻인지는 대충 파악할 수 있게 됐다.

중국인들이 외국인, 특히 서양인들을 만나면서 'TIC'를 자주 말하는 것을 듣게 된다. "This is China!" 외국들이 어떤 상황을 이해하지 못할 때, 또는 납득하지 못할 때 "여기는 중국이야!"라는 말로 감정을 표시하는 것이다. 한 번은 외국인 상무관들과 함께 중국 남쪽 난닝에서 행사에 참석할 기회가 있었다. 지방성장과 공동 면담자리에 성장이 약속 시간 20분 지나도 나타나지 않자, 중국인 직원에게 영어로 왜 늦느냐, 언제 오느냐며 항의하는 것을 보게 되었다. 중국인의 답변은 매우 애매했는데 필자의 느낌으로는 바로 전 행사가 예정보다 길어져서 늦어진다는 생각이 들었다. 그래서 그런 것 같다고 항의한 외국 상무관에게 말해주었는데, 이해를 못하겠다고 자기 생각을 말하였다. 어떻게 외국인을 20명 가까이 기다리게 할 수 있느냐라는 말이었다. 필자는 중국 사정상 충분히 가능한 일이라고 설명해줘도 이해가 안 될거라며 "This is China!"
라고 말했다.

　나중에 왜 서양인들은 그 사유를 인정하지 않을까를 생각하다
보니, 동양과 서양의 문화 차이라고 느꼈다. 동양문화에서는 가능
한 일을 서양은 이해하지 못하는 것이다. 반면 필자가 미국이나 유
럽에 출장 갔을 때 반대의 상황을 종종 마주하곤 한다. 뭐 저런 이
야기까지 하나, 이해가 안 되서 주위의 서양인들을 보면 그들은 매
우 진지하게 그 설명을 듣고 있는 것이다. 그럴 때마다 그것이 그렇
게 중요한가를 아무리 생각해보아도 이해가 잘 되지 않는 경우가
종종 있다.

중국은 한국의 이웃나라다

　중국은 한국의 이웃나라다. 한반도의 평화 유지 및 발전을 위해
서 함께 노력해야 한다. 그러기 위해서 우리가 다음과 같이 노력이
필요하다.

　첫째, 서로 다른 가치관을 인정해야 한다. 중국은 미국과는 다른
체제를 유지하고 있으며 개인보다는 국가주도의 국가라는 것을 받
아들여야 한다. 서로의 가치체계가 다르다는 것을 인정하고 존중해
야 하는 것이 국가 간 협력의 기본이다.

　둘째, 모든 국가의 경제협력은 가까운 이웃나라로부터 시작된다.

이웃나라와 같이 커가는 것이 경제성장의 기본 특징이다. 미국은 캐나다, 멕시코와 같이 성장하고 독일은 오스트리아, 스위스 등과 같이 성장하는 것처럼 한국도 중국, 일본, 미국, 러시아와 같이 가야 한다.

셋째, 한국은 유교문화권의 영향을 받았기 때문에 중국과 말하다보면 구태여 말로하지 않아도 서로 비슷한 감정을 느낄 수 있다. 이런 이웃과 같이 가는 것이 당연하지 않은가?

또한 한국 사람은 영어보다 중국어를 배우는 시간이 더 적게 걸린다. 발음을 배우고 간자체 한문에 적응하는데 1년의 시간이 걸리지만, 3년 정도 중국어를 배우면 기본적인 대화에 큰 문제가 없다. 또한 신문을 보거나 인터넷의 자료를 찾는데도 큰 문제가 없다. 한국이 한자문화권이라서 중국어를 읽고 말하는데 매우 편하다.

넷째, 한반도의 평화 유지 및 평화통일을 위해서도 중국과 같이 가야 한다. 북한의 핵문제를 원활하게 대응하기 위해서 미국과 중국이 같이 가야 평화 유지가 된다. 아직은 전쟁의 상처가 완전히 치유되지 않은 한국으로서는 전쟁이 다시 발발하지 않도록 모든 노력을 해야 한다.

다섯째, 한반도가 평화통일이 될 수 있도록 미국과 중국이 적극 합의할 수 있는 방안을 찾는 것이 현실적인 최선의 방법이라고 생각한다. 한국에 미국 전문가에 비해 중국 전문가는 너무나 적다.

따라서 중국을 이해하는 전문가들이 더 많이 나와야 이런 방안을 찾을 수 있을 것이다.

중국에 대한 부탁

중국과 한국은 몇 천년 동안 서로 이웃나라로서 친하게 지내며 발전해왔다. 지난 100년간 잠시 소원하게 되었고 전쟁도 일어났지만 이제는 다시 정상적인 관계로 돌아가서 다시 이웃나라로 친하게 지내고 있다. 중국에게 부탁한다.

첫째, 전쟁의 아픔을 알고 있는 두 나라는 향후에 다시는 한반도에서 전쟁이 재발되는 것을 막아야 한다. 특히 북한에 영향력을 가지고 있는 중국이 한반도의 긴장이 고조되어 전쟁이 발생하지 않도록 역할을 해주기 바란다. 더 나아가 한반도가 평화통일이 되어 자주독립국가가 되는 것이 중국에게도 더욱 더 좋은 영향을 줄 것이니, 한반도의 평화통일을 적극 지원해주기 바란다.

둘째, 중국은 강대국으로서 이미 G2가 되었고 G1을 목표로 나아가고 있다. 세계의 모든 국가들이 중국의 인구와 경제규모에 위압감을 느낀다. 중국이 더 포용적으로 말하고 관대함을 보이면서 나가야지 대화가 가능해진다. 중국이 대국인지 모르느냐는 식으로 대화를 시작한다면 마음속의 말을 할 수가 없다. 중국이 세계적인 강대국이 되기 위해서는 다른 국가에 대한 폭넓은 아량과 관대함을 지녀야 한다. 자국의 문화에 자부심을 가지는 것은 당연하나 아울러 다른 국가의 문화나 가치관도 존중해주어야 한다.

　셋째, 일본에 대해서는 중국의 평화주의 원칙을 다시 한 번 선언하면서 일본도 명실상부 아시아 평화주의를 선언하는 국가가 될 수 있도록 역할을 해주기 바란다. 일본이 중국을 핑계로 갈등을 격화시키더라도 중국이 평화주의를 내세워 무력충돌이 일어나지 않도록 조금 더 신경을 써주기 바란다. 중국이 강대국이 되어도 일본에 보복하지 않겠으며 아시아와 세계의 평화를 위해 같이 나아가자고 선언하는 것이 최선의 방법으로 보인다.

　넷째, 미국과는 친구로 같이 나아가면 좋겠다. 미국은 지금까지 세계 평화를 유지시켜온 국가이고, 전 세계의 민주화와 경제발전을 이끌어온 국가다. 중국도 미국과 마음을 모아서 서로 친구가 되어 전 세계가 더욱 더 발전할 수 있게 강대국으로서 역할을 해주기 바란다. 미국과 중국이 경쟁자가 된다면 전 세계의 긴장감이 높아지면서 평화로운 발전이 위축되기 때문이다. 미국이 잘하는 것은 미국이 계속 그 일을 하고 중국이 잘 할 수 있는 일은 중국이 담당해야 전 세계가 더욱 더 발전할 수 있다.

부록

중국에서 이렇게 사업하라

1. 중국에서 비즈니스를 성공하는 법
2. 중국인과 비즈니스할 때 알면 유용한
   33가지 팁

중국에서 비즈니스를
성공하는 법

중국에는 중국식 비즈니스가 필요하다

(1) 한중 FTA가 체결되어도 중국을 모르면 쪽박 찬다

2014년에 한중 FTA가 체결되면서 거대한 중국시장을 개척할 수
있다는 기대감이 높아지고 있다. 한국과 중국이 경제공동체로 성
장하게 된 매우 고무적인 일이다. 남북관계를 고려하면 중국과 좋
은 관계를 유지하는 것이 한국의 평화와 안정에도 필수적인 조건이
기 때문이다. 그러나 중국시장을 이해하지 못하면 아무런 효과를
얻지 못한다는 우려감도 있다.

중국에 가서 돈을 쓰겠다고 생각하면 괜찮으나, 중국에서 돈을
벌겠다고 생각한다면 우선 중국어를 할 줄 알아야 한다. 중국어도

못하면서 중국에서 성공하고 싶어 하는 사람은 영어도 못하면서 미국에서 돈을 벌겠다는 사람과 똑같다.

또한, 중국에서 성공하려면 5년을 투자하고 다시 5년간 노력해야 한다. 거의 10년은 되어야 성공여부를 판단할 수 있다. 그런데 의외로 많은 사람들이 1년 이내 돈 벌고, 3년 이내 투자자금을 회수하려고 한다. 그런 사람에게는 차라리 포기하라고 말한다. 우리가 미국에 수출하기까지 10년 이상의 시간이 걸렸고 그 사이 영어도 배웠다. 일본시장도 일어를 배우면서 개척하였다. 중국도 미국, 일본시장을 개척한 것처럼 처음부터 하나씩 쌓아가야 한다. 단기간에 돈을 벌 수 있는 시장은 전 세계 어디에도 없다.

많은 한국 사람이 20년 이상 중국과 사업을 해오고 있다. 성공신화도 있지만, 실패에 대한 사례들이 훨씬 많다. 2011년 상무관 시절 한국기업체를 살펴보니 10%는 완전히 성공했고, 20%는 보통이고, 70%는 실패한 것으로 판단되었다. 실패한 경우의 원인을 분석해보니 대부분 한국기업에 문제가 있었다. 즉, 중국어를 모르고 현지인에게 운명을 믿고 맡긴 것이다. 그러다보니 회사가 제대로 돌아갈 수 없었고, 가끔 한 번씩 회장이나 관계자가 현지 공장이나 가게에 들러 실적이 약하다고 질책하고 난 뒤 골프 등을 즐기면서 쉬었다가 오는 것이 대부분이었다. 이런 사람들이 중국사업에 실패하게 되면 한국에서 모든 책임을 중국인과 중국의 제도, 공무원 등에게 돌리면서 자기는 억울하다고 말하고 다닌다. 그러다보니 한국의 업계에서는 중국에 가서 사업하여 돈 벌기는 쉽지 않다는 인식이 퍼져있다.

성공한 10%의 사람 중 몇 명을 만나 물어보았다. 왜 이렇게 해서 중국에서 성공했다고 말하지 않느냐? 그 이유는 의외로 한국의 문화와 관련있었다. 자기가 말하다보면 말을 듣던 한국인이 중국의 자기 지역으로 진출하여 자기가 성공한 제품을 팔려고 하니 더 이상 말하지 않는다고 한다. 즉 자기 말을 듣고 중국의 다른 성이나 시에서 시장을 개척하면 계속 도와줄 수 있는데, 자기 지역으로 와서 시장을 나누어 갖는다고 하니 어떻게 중국에서 성공했다고 말할 수 있겠는가? 같은 지역으로 오되 다른 제품으로 개척한다면 자신의 인맥을 활용하여 도와줄 수 있다고 그 사장이 마지막에 말한 것이 아직도 기억에 남는다.

(2) 중국에서 성공하기 위한 비결

지난 10년간 거의 1,000명 정도의 사람을 만나면서 중국과 중국 사람, 중국시장에 대한 의견을 묻고 경험을 들으면서 이렇게 하면 중국에서 비즈니스를 성공할 수 있겠다는 결론을 내렸다.

① 중국에서 돈 벌고 싶으면 먼저 중국어를 배워라.

② 중국어를 배워야 중국인과 제대로 된 감정이 교류된다.

③ 감정이 교류되어야 친구가 될 수 있다.

④ 친구가 되어야 비즈니스 기회가 생긴다.

⑤ 중국인과는 중국식으로 비즈니스를 해야 성공한다.

중국에서 사업한 한국인 중 10%는 돈을 아주 많이 벌지만 남에게 자랑하지 않기 때문에 잘 안 알려졌을 뿐이다. 주위에 말해봐야 자신들에게 도움이 되지 않기에 그들은 그냥 중국 친구들과 같이 즐겁게 일하면서 지낸다. 30% 전후의 한국인의 사업은 유지할 정도는 되지만 아직까지 안정적인 수입을 내지 못하고 있다. 그래서 계속 길을 찾기 위해 열심히 노력하고 있다.

사업한 한국인 중 50~60%는 실패한다. 그들은 한국에 돌아가서 실패한 경험을 주위에 말하면서 중국시장은 성공하기 어려운 시장이라고 말한다. 실패한 한국인들이 말한 내용이 맞는지를 확인하기 위하여 중국에서 10~30년 중국에서 일하신 전문가들에게 의견을 물어보니 대부분은 중국에 대한 이해부족 때문이라고 결론을 내렸다. 지금도 중국에 대해 잘 이해가 안 되면 30명 정도의 내가 아는 전문가들에게 다시 물어보면서 이해를 높인다.

외국 사람은 어떨까? 관심 있게 살펴보았다. 외국인들의 성공률은 한국인보다 높은 30% 전후로 나타났다. 왜 이렇게 높지? 외국인은 자신있는 제품으로 중국시장을 공략하고 자신이 없으면 아예 접근하지 않으니 성공률이 높은 것이라 생각한다. 한국인은 중국어만 조금 배우면 문화적 차이가 적기 때문에 자신이 생각하여 될 것 같은 제품을 가지고 중국으로 진출한다. '수많은 시행과 착오_{Trial and Error}' 끝에 중국을 이해하게 된 것이니 어떤 면에선 한국인이 중국을 제일 잘 안다고 말해도 전혀 무리가 없는 것 같다.

비즈니스의 성공은 중국어에 달려 있다

(1) 중국에서 돈 벌고 싶으면 먼저 중국어를 공부해야 한다

베이징의 한국 대사관에서 상무관으로 4년을 근무하면서 많은 한국의 대기업 임원이나 중소기업 회장들을 만나게 됐다. 중국에서 사업을 하기 위해 자문을 구하며 상무관에게 묻는 질문 중에 제일 많은 것이 사업을 위해 적절한 중국사람을 소개해달라는 것이다. 그럴 때마다 나는 두 가지 질문을 항상 던진다.

"중국어 할 줄 아세요?"

"수익분기점에 도달하기 위해 몇 년을 생각하세요?"

중국어를 못한다고 하는 경우가 대부분이다. 중국어가 안 되니 비즈니스를 할 수 있도록 적절한 중국사람을 찾아 달라 한다. 이 경우 나의 대답은 'No'이다. 어느 때는 강하게 No라고 하고 또 어느 때에는 완곡하게 돌려서 No라 말한다.

조선족도 있고 통역도 사용하면 되는데 왜 도와주지 않느냐고 되묻는다. 그럴 때 나는 미국이나 일본 이야기를 한다. 한국이 1960년대 일본에 수출하려고 했을 때 중소기업 사장들은 다 일본어를 배웠다. 그리고 일본사람과 친구가 되는데 5년 이상이 걸렸고, 사업이 궤도에 오르기까지는 10년 넘게 걸렸다. 그렇게 친구가 돼서 사업을 같이 했고 20~30년간의 거래가 지금까지도 이어지고 있다.

미국의 경우도 마찬가지다. 영어를 배우면서 발로 뛰어다니며 5년을 다니면 친구도 생기고 사업기회도 열리기 시작한다. 그리고 서서히 자리도 잡게 된다. 이런 상황을 말하면서 왜 중국은 중국어를 몰라도 돈을 벌수 있다고 생각하는지 다시 물어본다.

조선족이 있으니 내가 중국어를 안 배워도 적절한 사람을 찾아 믿고 맡기면 된다고 한다. 그런데 대부분의 문제는 여기에서 시작된다. 조선족은 중국에서 사업을 하는데 매우 도움이 되고, 많은 한국인들이 조선족들의 도움으로 성공한 사례가 있다. 그러나 조금만 들여다보면 중소기업 회장이 조선족을 이해한 경우에만 성공했지, 이해하지 못하는 경우엔 다 실패했다.

조선족은 우리 동포지만 중국인이다. 말만 통하지 지식이나 사고, 일하는 방식은 중국식이다. 따라서 한국의 입장만 말하다 보면

서로 진도가 나가지 않는다. 중국인이 일하는 방식과 사고를 알아야 하는데 대화가 되지 않으면 중국인과 중국시장을 제대로 이해하기 힘들기 때문에 실패할 수밖에 없다.

사장이 중국을 이해하지 못하는데 어떻게 중국에서 사업하여 성공할 수 있겠는가? 중국을 이해하는 유일한 방법은 중국어를 하는 것이다. 중국어를 할 줄 알아야 감정이 통한다. 감정이 통해야 사업을 추진할 수 있다. 따라서 중국어를 하지 못하면 중국시장을 포기하라고 말할 수밖에 없다.

어떤 사람은 조선족을 잘 고르면 된다고 말하기도 한다. 그러면 필자는 다시 묻는다. 한국에서도 그렇게 사업을 하시는지, 종업원에게 다 맡기고 사장은 현장에 없어도 되는지, 대금결제나 물품구입 등을 사장이 체크하지 않아도 잘 돌아가는지. 대부분 직접 챙겨도 힘들다고 말하신다. 필자는 그제서야 답한다.

"그렇습니다. 중국도 마찬가지입니다. 직접 챙기셔야 의도대로 나갑니다. 그래도 진도가 나가려면 5년 정도의 시간이 걸리지요!"

(2) 중국어를 해야 중국인과 감정이 통한다

언어는 묘한 것이다. 조금이라도 언어가 통해야 감정이 통한다. 통역을 쓰면 공식적인 말만하지, 감정이 통하는 느낌을 제대로 받지 못한다. 중국어를 조금만 할 줄 알아도 대충 그 사람의 말투나 말할 때 행동을 보면 좋은 감정을 가지고 말하는지 당황해서 말하는지 대충 느낄 수 있다. 이것은 영어와 다른 느낌이다. 영어로 직접 말을 해도 상대방의 감정을 느끼기까지는 많은 시간이 걸린다. 미국인이나 유럽인의 문화가 우리와 다르기 때문에 문화를 모르면 감정을 느끼기 어렵다. 그러나 동양 사람끼리는 어설프게 영어로 말해도 기본적인 감정은 느낄 수 있다. 같은 동양인끼리는 통하는 것이 있는 것이고 우리는 문화가 서로 비슷하여 쉽게 마음을 느끼는 것 같다.

중국어를 모르면 성조 때문에 소리가 강하게 들려 마치 화났거나 불만이 있어서 싸우는 것처럼 들린다. 그러나 중국어를 알게 되면 조금씩 그 마음을 느낄 수 있다. 마음이 느껴지지 않으면 신뢰를 단기간에 쌓기 어렵다. 신뢰가 없으면 같이 일할 수가 없다. 중국인은 이익을 우선적으로 고려하지만 믿지 못하는 사람과는 사업을 시작하지 않는다.

어느 정도까지 중국어를 해야 사업을 할 수 있는가? 잘 할수록 좋지만 중국어 공부는 끝이 없다. 우선 사업을 할 수 있는 정도의 수준으로는 저녁에 식사하면서 자식들 이야기나 여행경험 정도는 서툴지만 말할 수 있어야 한다. 중국에 대해서 궁금한 것을 물어볼 정도는 되어야 기본적인 사업을 할 수 있다.

언제 한 번 다시 방문하겠다. 언제가 좋겠는가? 내가 돈을 보내주었는데 받았느냐? 이런 질문은 아주 유용하다. 확인하지 않으면 직원 이하 중간에 있는 사람이 즉시 송금을 안 하고 장난을 칠 수도 있다. 직접 확인을 할 수 있는 정도만 되어도 사업의 내용이 달라진다. 또한 납품가격이 다른 회사보다 비싸다는 느낌이 들면 그것을 납품한 사장을 직접 만나서 당신네 회사제품이 조금 비싼 것 같은데 왜 그러냐고 물어봐야 한다. 그러다보면 비싼 이유도 알 수 있고 더 절감하는 방법도 찾을 수 있게 된다. 가끔은 중간에 있는 사람이 장난을 친 것을 막을 수도 있다.

중국어를 할 줄 알아도 항상 통역하는 사람을 데리고 다니는 것이 제일 좋다. 중국어의 어감이 표현에 따라 다를 수 있으니 조금만 다르게 느껴지면 통역에게 확인시켜야 한다. 그래야 안전하다. 만약 안 해야 할 약속을 내가 한 것으로 알고 있으면, 통역비를 아끼려다가 몇 배나 큰 손해를 볼 수 있다. 필자도 10년째 중국어를 하고 있지만 조금만 느낌이 이상하면 다시 물어보고 확인한다. 과거에 확인하지 않아 낭패를 본적이 몇 번 있어서 중요한 사항은 반드시 다시 확인하는 습관이 생겼다.

(3) 실패한 사람과 성공한 사람의 차이

실패한 사람들의 경우 몇 십 억에서 몇 천 억까지 투자하신 분들이었는데 공통적인 특징은 다음과 같다.

첫째, 실패한 사람들 대부분이 중국어를 잘 못한다. 중국어 발음도 안 좋지만 더 중요한 요인은 중국인 친구들이 별로 없었다. 돈을 벌기 위해 중국사람들을 사귀다보니 친구가 별로 없었고, 그 사람 주위에는 그 사람의 돈에 관심이 있는 중국인들만 모여 있었다.

이와 반대로 성공하신 분들은 대부분 사람을 먼저 사귀고 중국을 이해하면서 즐겁게 중국인과 같이 살려고 하는 생각이 더 컸다. 돈 벌면 더 좋고, 못 벌어도 즐겁게 지내면 되지! 그러다보니 주위에 중국인 친구들이 많아서 새로운 문제가 생기면 그들과 대화하면서 길을 찾을 수 있다.

둘째, 실패한 사람들은 중국과 미국의 다른 가치관이나 생활스타일을 이해하고 그 차이를 알기위해 열심히 노력하지 않고 약간 무시하는 태도를 가지고 있었다. 중국문화나 사람들을 존중하지 않고 무시하면서 돈만 벌려고 하니 사업이 잘 되겠는가?

성공하신 분들은 미국의 가치관과 다른 삶을 살고 있는 중국인들도 나름대로 괜찮은 삶을 살고 있다고 생각한다. 즉, 미국의 합리적인 삶보다는 인간적인 따뜻한 마음을 가진 중국인들의 삶에 나름대로 장점이 있다고 생각한다. 그래서 중국인들과 같이 지내면서 그들은 생활 속에서 중국에 대해 느끼려고 노력한다.

셋째, 중국의 경우 아직 선진국에 비해 의료기술이 취약한 점이 많고 사람들의 위생의식도 더 높아져야 한다. 그러다보니 실패한 사람들은 중국인을 '깨끗하지 못하다, 청결의식이 약하다'라고 말하면서 인간적으로 무시하는 경향이 있다. 그러면서 중국은 이렇게 발전해야 한다면서 비판도 하고 충고도 하는데 이런 태도는 중국인의 관점에서 보면 '오만한 외국인', '중국을 존중하지 못하는 사람'으로 보인다.

성공한 사람들은 이런 중국인의 현황을 마음 넓게 포용한다. '경제 수준이 발전하면서 이런 의식이 높아지는 것이지, 단기간에 개선되는 것은 아니다. 한국도 현재 수준까지 올라오는데 1980년대부터 30년이 걸렸다. 중국도 시간이 지나면서 더 향상될 것이다.' 이렇게 말하라!

넷째, 중국에서 실패한 사람들의 공통된 특징 중의 하나가 안정적이고 효율적인 시스템을 구축한다는 점이다. 즉, 수익모델을 찾아내면 안정적인 자금흐름이 생길 것이라 믿는 것이다. 그러나 이런 사고로 중국에서 사업을 하면 상황변화에 대한 대응이 부족하여 실패하게 된다. 중국은 급변하며 성장하는 국가이며 경제 및 사회 시스템도 급격하게 변화하고 있는 국가다. 따라서 전에 없던 법률과 규정도 수시로 생기며 끊임없이 새로운 문제가 발생하므로 수시로 대처해야하고, 변화하는 시장환경에도 적응하면서 나아가야 한다.

성공한 사람들은 그래서 중국인 친구를 소중하게 생각한다. 새로운 상황에 대한 적절한 대책을 세우려면 중국인 친구와 같이 토론하면서 길을 찾는 것이 매우 중요하다. 끊임없이 바뀌고 있는 중국에서는 확실하게 안정적이고 효율적인 시스템은 존재하지 않는다. 계속 시스템을 환경에 맞춰 변화시키면서 적응해나가야 사업도 성장할 수 있는 것이다.

중국에는 중국식 발전모델이 존재한다

(1) 중국식 발전모델이란 말의 의미는?

많은 사람들이 "중국은 중국식으로 발전해야 하고 그렇게 발전해야만 한다"라는 중국인의 말을 오해하며 해석하는 것 같다. 대부분의 외국인은 이 말은 사회주의 가치를 지향하고 중국문화나 관습을 고수하려는 것으로 알아듣는다. 그러면서 중국인의 우월의식을 반영한다고 비판하기도 한다.

그러나 이것은 잘못된 오해라고 생각한다. 중국식으로 발전하는 너무나 많은 사례가 있는데, 몇 가지 예를 살펴보자.

① 슈퍼컴퓨터

맨 처음 중국에 슈퍼컴퓨터 개발의 필요성을 말해준 나라는 미국이다. 향후에 슈퍼컴퓨터가 있어야 된다는 말을 몇 년간 듣고 검토하면서 마침내 중국 정부는 슈퍼컴퓨터를 개발하기로 하였다. 인구를 감안해 1억 명 정도가 동시에 접속하여 작업이 가능한 슈퍼컴퓨터를 개발하기로 하고 미국에 기술지원을 요청하였는데 얻은 대답은 "경험이 없어서 잘 모르겠다"라는 것이다.

몇 천만 명 정도는 가능하지만 1억 명은 해본 적이 없다. 난감한 중국 정부는 할 수 없이 미국, 독일 등으로부터 필요한 기술을 지원받아 직접 개발할 수밖에 없었다. 5년여의 고생 끝에 세계에서 최초로 개발하는데 성공하였다. 그 이후 IT 기술이 중국에 급속히 확산되자 다시 3억 명 동시 접속을 목표로 기술개발에 박차를 가하고 있다. 다른 나라에서 방법을 찾을 수 없으니 중국이 스스로 개발하는 것이 '경제에서 중국식 발전모델'이다.

대형 LED전광판도 유사한 경우다. 베이징올림픽 개최가 확정되자 중국은 운동장에 대규모 LED전광판을 설치하기로 결정하였다. 대형 LED전광판 기술은 미국과 독일이 최신 기술을 보유하고 있어 먼저 그쪽 회사에 만들어 줄 수 있냐고 물으니 대답은 'No'였다. 그렇게 큰 전광판은 만들어 본 적이 없다는 이유였다. 그래서 중국은 베이징올림픽에 대형 LED전광판을 선보이기 위해 독일과 미국의 기술자를 초청하고 같이 작업하면서 성공적인 개발을 하였다. 베이징올림픽에서 멋있는 LED전광판을 통하여 중국의 문화를 세계에 알리게 되었다. 중국의 장예모 감독이 "중국의 전광판 기술은 전 세계 최고의 수준이다. 미국식과 독일식의 단점까지 보완하여 완벽히 새로운 기술을 중국이 확보하게 되었다"라고 TV 인터뷰에서 중국의 개발에 대해 자랑스럽게 말한 것을 보았다.

② 휴대폰

중국의 휴대폰시장도 급속도로 발전했으나 중국의 이동통신사에 소프트웨어를 팔고 돈을 많이 번 외국기업은 생각보다 적다. 한국의 많은 전문기업들이 IT 기술을 팔기위해 중국에 갔으나 대부분 실패했다. 제일 큰 이유는 1억 명이 동시 접속하여도 소프트웨어가 안정적으로 작동된다는 실험결과를 중국측이 요청했는데 그 실험을 해본 적도 없었고 할 수도 없었기 때문이다. 최근에는 2~3억 명 규모의 동시접속 실험결과를 요구하기도 한다. 이 기술을 개발하기 위해서는 중국인이 스스로 개발할 수밖에 없는데 이런 것을 중국인들은 "중국은 중국식으로 발전한다"라고 말하는 것이다.

③ 소비재

소비재의 경우에는 비슷한 중국식 발전모델이 거론된다. 맥주시장의 경우 베이징의 연경맥주는 매년 사일로를 하나씩 늘리기에도 매우 바쁘다. 중국사람 대부분이 중국술을 좋아하나, 일부 젊은층에서 맥주를 마시기 시작하면서 증가되는 수요에 대응하기에도 정신이 없다. 원자재 확보 및 보관, 물류시설의 확충 등 새로운 제품을 개발하는데 모든 R&D를 집중하는 선진국과 달리 중국은 안정적인 공급시스템을 만들기에도 정신이 없다.

커피시장도 비슷하다. 중국의 젊은이들이 커피를 마시기 시작하면서 커피원두를 안정적으로 확보하는데 비상이다. 그러다보니 윈난성의 전통차 재배단지가 커피원두 생산지로 전환하고 있는 곳이 많이 나타난다. 중국의 젊은이들이 좋아하는 커피의 향이나 맛도 외국과 조금 다르기에 최적의 원두배합을 찾기에도 매우 바쁘다.

과자시장도 한국에서 초코파이, 라면 등이 많이 공급되고 있으나 중국인의 취향이 다르기 때문에 중국인이 좋아하는 제품 개발에 R&D가 집중되고 있다. 요즘 중국인들은 중국식 라면을 많이 먹는데 한국산 라면보다 기름기가 더 많다. 빙과류나 과자 역시 중국인의 취향과 입맛에 최적인 상품을 개발하기 위한 경쟁이 매우 심하다. 그렇기 때문에 중국의 소비재시장도 중국식으로 발전하고 있다고 중국인은 말하는 것이다.

④ 설비분야

쓰레기처리, 오수처리 등 환경 분야 설비도 중국식으로 개발해야 한다. 쓰레기 처리기술의 경우 선진국이 최고의 수준을 보유하고 있으나 중국시장에 진출하려면 새로운 기술을 다시 개발해야 한다. 중국에는 쓰레기 분리수거 시스템이 아직 구축되지 않아서 서양의 처리기술이 그대로 적용되기 어렵다. 또한 플라스틱 등 화학제품의 유황의 성분비율이 다르다. 오수처리도 비슷한 문제가 생긴다. 중국의 물은 석회수가 있기 때문에 한국의 오수처리 기술로는 석회수를 제대로 처리하기 어렵다. 세균을 이용한 방식의 오수처리도 한국 물에 생존가능한 세균이 중국 물에서는 살아남기 어렵기 때문에 새로운 세균을 개발해야 한다.

한국에서 가짜 휘발유 논쟁이 심하게 일어났었지만 그 휘발유를 중국에서 만들어 팔수 있는지를 검토하다 보면 기술적인 문제가 발견된다. 한국의 석유화학원료와 중국의 석유화학원료의 성분에서 유황의 비중이 다르게 나타나는데, 때문에 중국에서 생산하려면 다시 탈황설비가 필요한데 그 설비를 갖추다보면 경제성이 나오지 않는다. 이렇게 화학원료의 성분이 조금씩 다르고 물의 성분이 다르기 때문에 선진국의 기술이 중국에 직접 적용되지 못하는 분야가 매우 많다.

그래서 중국 정부는 해당 분야의 기술은 중국이 개발해야 된다는 것을 현실적으로 느끼고 있다. 이 사정을 모르는 외국사장이 자신의 기술을 강조하면서 자기제품의 우수성을 설명하는 경우, 중국인은 간단하게 "중국은 중국식으로 발전한다"라고 말하는 것이다.

(2) 효율적인 시스템 구축보다 사람이 더 중요

미국과 유럽 등 선진국을 상대로 생산·수출한 기업들의 경우에는 생산·인사 시스템이 매우 잘 구축되어 있다. 사람이 수시로 바뀌어도 큰 어려움이 없이 회사가 운영될 수 있다. 회계 시스템도 아주 투명하여 자금 흐름을 한눈에 다 통제할 수 있다.

중국에 오면 모든 것이 달라진다. 아무리 시스템이 좋아도 사람들이 왜 이렇게 해야 하는지 이해하지 못하니 규정대로 움직이지도 않아서 시스템이 정상으로 작동하는데 몇 년이 걸린다. 게다가 중국 근로자는 지위승진과 높은 월급을 위해 회사를 자주 옮기기 때문에 몇 년간 일을 훈련시켜도 일을 할 만하면 퇴사하니, 다시 처음부터 시작해야 한다.

원자재나 부품을 중국에서 조달하려고 해도 적합한 품질을 지니거나 적기에 납품하는 것에 익숙한 중국기업들을 찾기가 쉽지 않다. 그러다보니 협력업체도 동반진출을 해야 유리한데 같이 동반진출한 협력기업은 현지적응에 더 애로가 많다. 사람관리, 품질관리, 생산관리 등 어느 하나 쉬운 것이 없다. 한 5년 정도 지나야 정상적으로 시스템이 가동된다.

회계 시스템도 본사처럼 운영하기가 어렵다. 현금결제가 아직도 많고 영수증 등도 전산처리가 되지 않아서 일일이 챙겨야하므로 회계업무에 사람도 많이 필요하고 시간도 더 걸린다. 제일 어려운 부분은 예상 못한 부문에서 지출이 생길 때다. 본사에선 말도 안되는 지출을 엄격히 통제하고 있는데 현지에서는 그 지출이 필요한 경우에 돈 문제를 처리하는데 많은 시간과 노력이 필요하다. 그런 경우에 중국기업들은 현금으로 처리하고 끝인데, 한국 등 외국기업은 본사의 규정에 맞추기 위해 온갖 방법을 다 찾는다.

중국에서 판매할 때에도 판매담당자가 힘들게 구축한 인맥을 통하여 이루어진다. 상호 신뢰가 쌓여야 거래가 되는 것인데 거래도 구두약속이 많은 편이다. 한국의 인사원칙상 3년 정도마다 사람을 바꾸는 순환근무를 선호하는 기업이 많은데 그렇게 사람이 바뀌면 중국에서는 인맥도 다시 구축해야 한다. 중국의 현지담당자가 계속 일하기를 원하고 중국인 친구들도 계속 일하기를 원하는데도 담당자가 교체되는 경우가 있다. 그때 새로운 담당자가 와서도 전임자와 같은 방식으로 계속 거래가 될 것이라 말을 해도 중국인들은 처음에는 믿지 않는 경향이 있다. 새로운 사람에 대한 신뢰가 쌓여야 일하기 편한데 새로운 담당자가 서류요구, 현금결제 방식을 조금만 바꿔도 일이 정상적으로 진행되지 않는다.

중국에서는 본사의 효율적인 시스템을 도입해도 그 시스템이 운영·작동되기까지는 많은 시간이 소요된다. 또한 그 시스템의 일부 항목이 중국에 적용할 수 없다면 시스템 운영여부 자체를 재검토해야 한다. 오히려 사람에 대한 안정적 관리를 중시하고 시간을 충분히 가지고 사람에 대한 투자를 강화하는 것이 더 현실적이다.

"당신만 믿어!" 이런 말은 매우 위험한 생각이다. 중국에 진출한 사람 중 중국어가 안 되도 현지인들을 채용하면서 그 사람에게 전권을 부여하고 책임도 부담시키면 된다는 생각을 가진 분들이 있다. 공장이나 회사의 인사·예산·생산 등에 완벽한 시스템을 구축해놓았으니, 책임자만 관리하면 잘 돌아갈 것으로 믿는 것이다. 이렇게 사업을 하게 되면 대개 5년 이내 성과가 보이지 않아서 실패하거나 현상유지만 된다. 여러 가지 원인이 있다.

첫째, 도입한 효율적이고 선진적인 시스템이 중국의 현실에 적용하기 어려운 경우가 많다. 그러면 처음에는 본사의 시스템을 조금 바꿔 주라고 요구하지만 융통성을 줄 경우 개인들의 재량이 커지기 때문에 대부분 그 요구를 거절하게 된다. 그러다보면 현지 책임자는 실제는 중국식으로 서류상은 본사의 시스템이 요구하는 방식으로 이중 관리를 할 수밖에 없다.

둘째, 가끔은 현금거래가 필수적이면서 영수증을 받기 어려운 경우가 생긴다. 원가절감을 추진하다보면 부품 및 원자재를 조달할 수 있는 중국기업을 힘겹게 찾게 되는데 그들이 현금결제, 무자료 거래를 요구하는 경우가 있다. 그러다보니 현실은 중국식으로 서류상만 합리적(?)으로 기록하게 되어 시스템을 체크하다 보면 앞뒤가 안 맞는 경우가 종종 나타나게 된다. 이 경우 책임을 강하게 묻게 되면 자신의 잘못이 아니기 때문에 완강하게 자신의 결백함을 주장하게 된다. 그러다보면 본사는 중국 책임자를 의심하기 시작하게 되고 중국 책임자는 외국기업에서 일하면서 어쩔 수 없이 발생하는 한계를 느끼면서 적당히 일하게 된다.

셋째, 중국인들은 자기의 일은 자기 책임하에 모든 것을 결정한다. 그러다보니 회사의 본사와 사이가 좋지 않거나 불안하게 되면 다른 생각을 쉽게 할 수 있다. 자신의 권한 범위 내에서 최대한 개인적인 이익을 가져가려고 한다. 외국인 회사가 중국을 모르고 아무리 중국의 현실을 설명해주어도 본사가 자신의 의견을 받다주지 않는다면 그 회사가 중국에서 성공하지 못할 것을 명확하게 느낀다. 그렇게 느낀 다음부터는 그 중국인은 다음을 위하여 개인적인 준비를 할 수밖에 없게 된다.

"당신만 믿어"라는 말은 상호간의 신뢰가 쌓이고 상호노력이 원활한 경우에는 아주 좋은 말이다. 그러나 상호신뢰가 갈수록 깨지고 있는 경우에는 "내 돈을 당신의 책임하에 써도 좋아!"라는 의미밖에 안된다. 규정상 자신은 하나도 도와주지도 못하면서 열심히 실적을 보여주라는 일방적인 요구에 대한 반발로 회사가 망하지 않을 정도의 수준만 유지하면서 일하게 되는 것이다.

중국인과는 먼저 친구가 되어라

(1) 배타성과 집단주의 문화

중국은 땅도 넓고 인구도 많다. 어떤 사람이 성을 벗어나 다른 성으로 가게 되면 다른 성에서는 그 사람이 누군지 아무도 모른다. 그 사람 말대로 돈을 벌려고 온 착한 사람인지, 아니면 고향에서 사고를 친 뒤 도망쳐 온 사람인지를 먼저 판단해야 한다. 그러다보니 사람을 관찰하면서 됨됨이를 파악하고, 믿을 수 있는 사람이라고 생각되면 작은 일부터 같이 해보고 큰 문제가 없으면 조금 더 큰 일을 맡겨본다. 그렇게 일을 제대로 하면 비로소 친구로 생각하고 사심 없이 모든 일을 같이 상의하게 되는 단계로 들어선다.

또 하나의 특색은 집단주의 문화다. 한국 등 선진국에서는 개인의 창의력을 강조하며 '한 명이 조직을 리드하는' 개인주의 문화가 매우 중시된다. 그러나 중국에서는 한 명이 일하는 경우가 없고 보통 10~20명이 함께 팀을 이룬 뒤 같이 일한다. 새로운 일을 할 때에도 한 명이 제안하면 나머지 사람들도 각자 그 일에 대해서 검토 및 의견을 낸 뒤 서로의 이견을 조정하는 과정을 거쳐서 최종적으로 확정한다. 일단 하기로 확정되면 각자 해야 할 일을 열심히 하면서 그 일이 성공하도록 노력한다. 중간에 새로운 상황이 발생하면 다시 전 팀원이 모여서 회의하고 새로운 대책을 강구하여 결정한 뒤 시행한다. 어느 한 사람이 결정하는 체제가 아니고 집단이 같이 모여 토의한 뒤 결정하는 문화인 것이다.

집단주의 문화의 특징이 드러나는 것으로, 다른 성에서 새로운 사업을 하고 싶으면 중국인도 먼저 반드시 그 성에 있는 누군가를 미리 소개받는다. 그리고 그 성에서 일을 하려면 소개받은 사람의 도움을 받아서 하나씩 하나씩 처리해나간다. 소개받지 않고 혼자 가서 사람을 만나려고 하면, 그 사람이 누군지를 모르기 때문에 아무도 만나주지 않는 것이 중국의 문화다.

외국인도 마찬가지다. 외국인이 중국에서 사업을 하고 싶으면 먼저 중국인들과 친구가 되어야 한다. 혼자 가서 사업을 추진해봐야 중국인들은 거들떠보지 않는다. 외국인이 자기는 이렇게 돈도 많고 성공한 사업가라고 주장을 하면 할수록 '어리숙한 중국인을 속이려고 온 사기꾼'으로 생각하기 쉽다.

중국에서 사업을 하고 싶으면 먼저 그 지역의 괜찮은 사람을 소개 받아야 한다. 그리고 그 사람과 만나서 이야기하고 식사 등을 하면서 상대 중국인이 자기가 어떤 사람인지를 믿을 때까지 시간을 들여야 한다. 그 시간이 지나야 비로소 같이 일을 할 수 있는 것이다.

(2) 한국과 다른 '친구' 개념

첫째, 친구끼리는 가족상황도 서로 잘 알아야 한다. 일만 하는 관계는 친구가 아니라 동료일 뿐이다. 개인적인 고민까지 상담을 할 수 있는 관계가 친구이며, 상대방의 경조사에도 모두 참가해야 한다. 한 번은 이런 경우를 보았다. 시드니에 있는 중국인이 친구가 베이징에서 시드니로 방문하니 5시간이나 운전을 하고, 그 친구와 2박 3일을 보내면서 시드니 관광 가이드 역할을 즐겁게 하는 것이었다. 바쁘지 않느냐고 물어봤더니 이 친구를 만나서 2박 3일을 보내니 매우 기분이 좋다고 대답했다. 일은 바쁘지만 친구가 다시 돌아간 뒤 열심히 일하면 된다고 덧붙였다. 확실히 중국의 친구 개념은 우리의 친구 개념과는 다른 것 같다.

둘째, 친구끼리는 서로 잘 되도록 도와준다. 친구가 부탁을 하면 자기가 모르는 경우에도 자신이 할 수 있는 범위 내에서는 도와준다. 그래서 가끔 정반대의 조언을 해주기도 한다. 친구끼리는 한 번 도움을 받으면 다음에 그 친구도 도와주어야 한다. 또 친구끼리 도와주고 '고맙다'는 말을 듣는 것을 매우 싫어한다. 친구끼리 당연히 도와야지 고맙다고 말하면 나를 친구로 생각하지 않는다고 오해할 수도 있다.

돈을 버는 기회가 오면 친구에게도 돈을 벌 기회를 나누어 준다. 한국은 소개해 주기만 한다. 결과가 안 좋아도 투자는 본인의 책임이라고 말한다. 그러나 중국사람에게 그렇게 하면 그 친구의 돈을 날리게 했기 때문에 크게 싸우고 헤어지게 된다. 친구에게 돈 벌 기회를 주어야지, 잘 모르는 기회만 주는 것은 중국인에겐 받아들이기 어려운 사고다.

셋째, 친구를 이용한다면 그것으로 친구관계는 끝난다고 생각해야 한다. 어쩔 수 없이 그렇게 해야 할 이유가 있다면 이해를 하지만 자신의 이익을 위해 친구를 이용한다는 것은 용서하기 어려운 게 중국인의 사고다.

넷째, 중국에서는 '친구의 친구는 나의 친구다'라는 식으로 인간관계가 형성된다. 아울러 '적의 적은 나의 친구가 될 가능성이 높다'라고도 생각한다. 대신 친구의 친구는 나의 친구라는 방식을 통하여 친구의 범위를 넓혀간다.

비즈니스에서 제일 중요한 것이 바로 인간관계다. 중국에서는 사람을 배반하면서 돈을 버는 것은 부당하다고 본다. 그런 사람이라면 자신의 이익을 위하여 나를 배반할 수도 있는데 내가 왜 그를 친구로 생각해야 하는가? 그리고 적의 적도 나의 친구가 될 수 있다고 생각하며 협력한다. 중국은 매우 실용적인 관점에서 적과 친구를 구별하는 것 같다. 나에게 이득을 주면 친구! 나에게 손해를 보게 하면 적! 따라서 친구가 되는 방법은 그를 인정하고 서로 잘되게 도와주는 것이라고 간단하게 생각하면 될 것 같다.

(3) 중국에서는 중국식으로 비즈니스를 하라

'로마에서는 로마법을 따르라!' 이 원칙은 다른 국가의 사람들과 지낼 때 항상 적용될 수 있는 원칙이라고 생각한다. '중국에서는 중국식으로 비즈니스를 하라'는 의미는 '돈을 벌기 위해서 중국사람을 사귀라'는 것보다는 '중국사람과 어울리다보면 돈을 벌게 된다'라고 이해하는 것이 더 정확하다. 즉 돈보다 사람이 먼저다.

① 중국인이 원하는 것을 해줘라

많은 사람들은 '중국에 이것이 팔릴 것이다. 중국사람은 나중에 이것이 필요하게 된다'라는 관점에서 중국시장을 보고 개척하려고 한다. 그러나 더 좋은 방식은 '중국인과 친하게 지내다보면 그들이 원하거나 필요한 것을 요청할 때 그중에서 내가 할 수 있는 것을 제공하면 된다'라는 식으로 생각하는 것이다.

중국시장은 중국인이 제일 잘 안다. 외국인이 모르는 제도나 규정도 많고 어떤 것을 좋아하는 이유도 외국인은 잘 모르는 경우가 많다. 그래서 무엇을 원할까 추측하여 찾지 말고 그들이 원하는 것을 물어보는 것이 제일 좋은 방법인 것 같다.

② 중국의 관습이나 사고를 인정하라

중국의 상관습이나 행태들을 보며 외국인이 이해하기 어려운 것도 종종 보게 된다. 집단주의 성향이 있고, 체면을 중시하기 때문에 집단의 결정에 대해서 말해주지 않기 때문이다. 그런 행동이나 관습을 고치려고 하는 것보다는 그것들을 존중하면서 내가 할 수 있는 것에 집중하는 것이 좋다. 이유를 끝까지 물어도 시원한 답을 듣기도 어려우며 이해하지 못한 것에 대해 화를 내면서 이해하지 못하겠다고 말하는 것도 어색하다. 외국인이 어떻게 중국의 모든 속사정을 알겠는가?

③ 단기간의 이익보다는 긴 기간 동안의 관계에 초점을 맞춰라

중국에서는 단기간에 성과를 얻기 어렵다. 따라서 5년간 기초를 쌓고 나머지 5년간 성과를 보겠다, 라는 계획이 현실적이다. 많은 외국인들은 단기간에 수익을 내려고 무리하게 마케팅을 실시하나 단기간에 수익이 나기는 쉽지 않다. 따라서 시간 여유를 가지고 여유 있는 자금흐름을 유지하면서 5년간 버티겠다는 자세가 훨씬 좋은 결과를 부를 것이다.

④ 경쟁에서 이기겠다는 사고는 버려라

중국은 사람도 많고 경쟁자도 많다. 모든 경쟁자를 이기겠다는 생각은 중국에서는 틀린 생각이다. 수많은 경쟁자들의 전략을 모두 분석할 수도 없고 분석할 필요도 없다. 큰 시장에서 '나는 이런

식으로 해서 나의 몫만 가져가겠다라는 생각이 올바른 관점이다. 대량생산으로 낮은 이윤을 유지할 것인지, 소량생산으로 일부 수요만 공급할 것인지, 구체적인 마케팅 전략을 수립하는 것이 효과적이다.

외국인은 중국시장에서 일부의 시장만 특화하는 전략이 제일 좋지 않나 싶다. 대량생산 저이윤 방식으로 돈을 버는 방식은 외국인보다 중국인이 훨씬 더 경쟁력 있다.

중국에서 사업 기회를 찾아내는 제일 좋은 방법

아무것도 모를 때에는 자신의 아이템을 가지고, 제일 적합하다고 생각하는 중국 도시로 가라. 어느 도시든 한국인이 사업을 하고 있기 때문에 그 사람과 먼저 만나서 그 도시의 경제상황 등을 물어보라. 그리고 적합한 중국 파트너를 소개해 달라고 부탁하라. 물론 소중한 정보를 얻기 때문에 식사와 필요경비는 필요한 사람이 다 부담해야 한다. 이것을 정보비용Information Cost이라고 생각하며 기꺼이 부담해야 한다. 소개해준 중국인과 말하다 보면 전혀 다른 말을 듣게 된다. 그러면 고맙다고 말한 뒤 다시 한국에 돌아오라. 그 문제에 대한 해결방안을 찾으면 다시 그 지방의 그 한국인을 만나 식사하고, 다시 그 중국인을 만나서, 다시 토의해라. 내가 원하는 사업방향을 계속 주장하면 아마 다른 중국인을 소개해줄 것이다. 이렇게 한 명씩 한 명씩 찾고 만나면서 이야기 하다보면 사업이 가능한지 불가능한지에 대한 감을 알게 된다.

아무것도 모를 때에는 이러한 방법으로 2~3년을 다니면서 사람들을 다양하게 만나다 보면, 가능한 사업모델을 찾게 된다. 이렇게 하는 것이 사람을 통해 사업기회를 찾는 방법이다. 시간이 많이 걸리고 진도도 느리지만 중국시장에 접근할 수 있는 효과적인 길이다. 이런 방식을 따르기 위해서는 그 전제조건으로 한국에서 어느 정도 사업이 구축되어 있어야 하고, 어느 정도 여유자금이 있어야한다. 여유자금이 있어야 시간을 가지고 사업모델을 찾을 수 있는 여유가 생긴다.

내가 상무관으로 베이징에 근무하고 있을 때 많은 한국사장들이 도움을 요청했지만 대부분 헛고생만 하고 돌아갔다. 중국어가 안되서 해당 사업을 하고 있는 중국사장과 말이 통하지 않은 것이 제일 큰 요인이었다. 그 다음에 한국에 여유 있는 자금흐름이 없어서 2~3년 여유를 가지고 탐색하지 못하는 것이 두 번째 이유로 꼽을 수 있다. 세 번째 요인은 너무 서두른다는 것이다. 중국인은 잘 모르는 사람이 1년 이내에 사업을 하자고 하면 의심부터 한다. 의심을 하기 시작하면 진도를 나갈 수 없다.

'천천히 여유 있게, 안 되면 말고'라는 자세를 가지고 나를 신뢰하도록 행동과 노력을 쏟아야 비로소 중국인과 사업에 대해 제대로 논의할 수 있다. 시간을 가지고 하나씩 이뤄가는 것이 중국에서 성공할 수 있는 유일한 방법이다. 그 과정에서 친구도 사귀고 신뢰가 어느 정도 생기게 되면 중국인도 자신의 관점에서 자신의 의견을 하나씩 제시하게 된다. 이렇게 되어야 제대로 된 모델을 찾을 수 있게 된다. 중국시장은 중국인이 더 잘 알지, 한국인은 결코 더 잘 알 수 없다는 점을 항상 기억해야 한다.

중국이 한국보다 자본주의 같아!

중국어를 배우고 중국사장과 사업을 하다보면 1년 지나서 자기도 모르게 위와 같은 말을 하는 한국인을 종종 만나게 된다.

중국은 사회주의 국가라서 개인보다는 국가, 돈보다는 명예를 따를 것이라고 생각하고 사업을 하다보면, 의외로 중국인이 철저하게 자기이익을 추구하는 것을 자주 느끼게 된다. 한국인 같으면 양보할 수 있는 상황에서도 끝까지 자신의 이익을 주장하는 모습을 보면 '중국이 사회주의 맞아?'라는 느낌이 든다.

한편, 한국 사람들의 경우에는 자본주의를 추구하지만 남들의 눈치(?), 국민의 정서를 고려해 끝까지 자기이익을 주장하지는 않는다. 오히려 적당한 선에서 타협하려고 한다. 한국인은 큰 것은 확실하게 주장하지만 작은 것은 양보도 잘하는 편이나 중국인은 작은 것, 사소한 것 까지도 확실하게 이익을 주장하는 경향이 강하다.

중국이 주장하는 사회주의 핵심가치관은 12개다. 이 선전 자구는 중국의 지하철이나 아파트, 공공장소에서 흔히 볼 수 있다. 보면 볼수록 머리가 갸우뚱해진다. 어떻게 저것이 사회주의 핵심가치관인지 의문이 갈 수도 있다. 자본주의의 핵심가치관과 크게 다를 게 없다.

fùqiáng	mínzhǔ	wénmíng	héxié
富强	民主	文明	和諧
부강	민주	문명	화해
zìyóu	píngděng	gōngzhèng	fǎzhì
自由	平等	公正	法治
자유	평등	공정	법치
àiguó	jìngyè	chéngxìn	yǒushàn
愛国	敬業	誠信	友善
애국	경업	성신	우선

이 가치관을 보면 현재 한국에서 주장하는 가치관과 크게 다르지 않다. 특히 자유와 평등을 주장하고, 공정과 법치도 강조하는 것은 한국과 거의 같은 상황이다. 따라서 중국사람은 사회주의 국가이니 우리와 가치관이 완전히 다를 것이라고 생각하는 것은 잘

못된 생각이다. 그래서 한국이 자유와 민주를 강조한다고 주장하게 되면 오히려 중국인은 자기들도 그렇다고 말한다.

아마도 제일 큰 차이는 공산당이 정치를 담당하는 현황일 것이다. 한국은 누구나 정치에 참여할 수 있지만 중국에서는 공산당원이 되어야 정치에 참여할 수 있다. 나머지는 한국과 거의 유사하다고 생각하면서 중국사람과 비즈니스 하는 것이 제일 좋은 방법인 것 같다. 사업에서는 한국인보다 오히려 더 이익을 철저하게 챙긴다고 이해하는 것이 현실적이다.

쉽게 배우는
중국어

중국어를 배우는 여러 가지 방법이 있으나 베이징어언대 교수가 13년간 외국인을 가르치면서 제시한 요령이 제일 좋은 것 같아서 소개한다. 동 요령의 목표는 '나의 말을 중국인이 알아들을 수 있게 훈련'하는 방법이다. 중국어에서 제일 중요한 것은 성조인데, 성조가 제대로 안되면 중국인과 대화하기 어렵기 때문에 처음 1년간은 발음만 연습한다.

〈제1단계〉

카세트테이프 또는 시디가 있는 기초 회화책을 산다. 처음 6개월에서 1년간은 책을 보지 않는다. 귀로 듣고 따라하는 연습만 한다. 성조도 신경 쓰지 말고 그대로 발음을 따라한다. 어느 정도 되면 자신의 발음을 녹음한다. 녹음한 뒤 그 발음이 회화책에 있는 발음과 같아질 때까지 연습한다. 6개월에서 1년이 지나면 발음이 비슷하게 나올 것이다. 그때까지는 한자는 보지 말고 책도 보지 않는 것이 좋다.

〈제2단계〉

기초책의 발음이 되면 첫 번째 회화책을 보면서 뜻을 보고 문장 구조를 천천히 본다. 그리고 기본 한자를 쓰기 시작한다. 3개월 정도면 2단계가 지나간다.

〈제3단계〉

같은 요령으로 중국어 초중급용 책을 산다. 다시 처음처럼 발음만 연습하고 녹음한다. 이번에는 6개월이면 될 것이다. 발음이 완성되면 다시 책을 보면서 한자와 문자를 익힌다. 3개월에서 6개월이면 문장을 익히게 된다.

〈제4단계〉

같은 요령으로 중급용 책을 다시 6개월 공부하면 모든 중국인과 기본적인 의사전달은 가능해진다.

일본어는 1년 공부하면 일본인과 기본회화가 가능해지고, 영어는 5년 공부해야 외국인과 회화가 가능하다. 중국어는 3년 정도 공부하면 중국인과 기본회화가 가능해지니 중국어는 영어와 일본어의 중간정도의 시간이 걸린다고 보면 된다.

발음만 익숙해지면 한국어와 비슷하게 말해도 서로 의사가 전달된다. 중국어는 '주어+동사+목적어'의 구조가 기본적인 구조지만 상당히 많은 문장은 '주어+목적어+동사'로 사용되기 때문에 조금만 공부하면 영어보다 훨씬 쉽게 의사표현이 가능하다. 중국어를 배울수록 중국어의 어순이 영어보다 한국말에 더 가깝다는 것을 느끼게 된다.

인터넷으로 자료를 찾으려는 사람들은 한자공부를 제대로 해야 한다. 중국어는 3,000자 정도 한자를 알면 된다. 중국의 초등학교 학생처럼 하루에 5~10자 정도를 1년만 외우면 2,000자 이상은 익힐 수 있다. 2,000자 정도를 알아야 자료해석에 큰 문제가 없다.

따라서 처음에 말만 할지, 책이나 자료까지 볼 것인지를 미리 정하는 것이 좋다. 미국이나 유럽의 서양인들은 한자 공부를 포기하고 말하기와 듣기만 연습한다. 중국에서 그렇게 1년만 생활하게 되면 서양인도 유창하게 중국어를 말할 수 있게 된다. 대부분의 서양인은 여기까지만 공부한다.

중국인들도 한자를 제대로 못 쓰는 사람이 많다. 비즈니스를 할 정도만 배우고 싶은 사람은 아예 한자 배우기를 처음부터 포기하는 것도 고려해볼 수 있다.

중국인과 비즈니스할 때 알면
유용한 33가지 팁

중국인과 만날 때에는 선물을 준비하는 것이 좋다

한국 사람들이 미국이나 유럽에 갈 경우에는 한국을 알릴 수 있는 자개함, 필통, 전통부채 등을 사간다. 서양 사람의 경우에는 이런 선물을 사주면 반응이 매우 좋다. 그러나 중국에 비슷한 선물을 사가면 반응이 별로다. 한국의 전통제품을 중국 어느 지방의 토산품 정도로만 여기기 때문에 환영 받지 못하는 것이다. 중국인이 좋아하는 선물을 가져가야 하는데, 한국인이 좋아하는 선물을 사가니 돈은 돈대로 들고 반응은 별로인 것이다.

우선 인삼 관련 제품은 사지 않는 것이 좋다. 한국인은 인삼을 갈아서 꿀과 같이 먹기도 하고 끓여서 인삼물로 마시면 건강에 좋다고 생각한다. 그러나 중국인들은 인삼을 한약재로 생각하기 때문에 한의사가 자신의 체질에 맞다고 해야 먹는다. 건강을 위해 아무거나 먹지 않는다. 인삼은 열이 많은 약재이므로 체질상 열이 많은 사람이 먹으면 오히려 몸에 이상이 오기 때문이다.

한국의 건강기능식품도 많이 사서 가는데 이 또한 좋은 선물이 아니다. 중국인은 내용물이 무엇인지도 모르는 건강식품을 함부로 먹지 않는다. 한글로 써져 있어 무엇에 좋은지도 모르기 때문에 더더욱 먹지 않으며 다른 사람을 주거나 버리기 쉽다.

제일 무난한 선물은 중국인들이 좋아하는 '한국 화장품'이다. 필자의 경우 대부분 여성 화장품을 사간다. 남자에게는 미안하지만 여성용이라 말한다. 잘 모르면 여성용 기초화장품을 사가면 된다.

더 좋은 선물은 한국의 삼성이나 LG의 가전제품을 사가는 것이다. 그러나 디지털카메라, 휴대폰은 가격이 싸지 않고 일부 제품은 중국에서 쓸 수 없는 것이 있으니 유의해야 한다. 휴대폰의 경우 중국에서 쓸 수 있는 중국용 휴대폰을 사야지, 한국용 휴대폰은 사용하기 어렵다.

한국 사람들은 최근 선물을 안 주는 문화로 많이 전환되었으나 중국사람과 비즈니스를 하려면 선물을 사가는 것이 좋다. 아주 간단한 선물이라도 가지고 가야 상대방과 친해지려는 마음이 있다는 것이 표현되기 때문이다.

중국에서 술을 주면 즐겁게 마시고 취해라

중국인과 비즈니스를 하면서 한국 사람이 제일 많이 실수하는 것 중 하나가 음주 문화다. 중국에 가면 대개 중국사람이 식사와 술을 산다. 자기를 만나러온 사람을 위해 현지에 있는 중국인이 식사를 사는 것이 중국의 기본 관습이다. 중국인이 바이어일지라도 자기들이 식사를 대접한다. 한국 사람은 식사하러 가서 얻어먹게 되면 당황하지만, 중국인은 양보하지 않는다. 따라서 무조건 선물을 사가야 한다. 그렇지 않으면 바이어인 중국인에게 저녁을 대접하려고 갔으나, 중국의 관례상 중국인이 저녁을 사게 되는 매우 어색하고 미안한 상황이 생긴다.

저녁을 먹다보면 음식이 남는다. 중국인은 식탁에 시킨 음식의 ⅓정도가 남아야 손님이 제대로 먹었다고 생각한다. 음식을 다 먹으면 요리를 적게 시켰다고 생각하고 추가로 더 주문을 한다. 배가 불러도 더 시키면 조금만이라도 먹어야 한다. 대부분의 음식을 남기면 진짜 배가 부르나보다, 라고 생각하여 그만 시킨다.

대개 한국 사람 중 주빈에게 술이 집중된다. 주빈이 취하고 기분 좋아야 접대가 제대로 된 것이라 보고 술을 많이 준다. 그런데 여기에서 한국 사람은 전혀 다르게 생각한다. "나를 뻗게 만들려고? 안되지!" 하면서 끝까지 먹는다. 그러면 처음에는 좋아하나 계속 그렇게 버티면 중국인들은 전전긍긍한다. 우리가 술을 약한 것으로 시켰나? 아니면 화는 내지 않지만 한국 사람이 무언가 마음에 들지 않는 게 있어서 즐겁게 마시지 않는 거라고 생각한다. 그러다가 중국인은 오늘 일정 중에 실수한 게 있는지 자기들끼리 이야기하면서 어떻게 해야 할지 고민한다.

한국인은 한국의 명예를 걸고 마시지만, 중국인은 접대가 소홀해서 웃지도 취하지도 않고 술만 마신다고 생각한다. 결국은 한국의 주빈이 뻗어야 식사가 끝난다. 술이 약하면 금방 뻗으니 상관없으나, 술이 세면 뻗을 때까지 술자리는 계속 된다. 따라서 중국에 가서 술을 마실 때에는 적당히 마시고 적당한 시간에 취하는 것이 최선이다. 즐겁게 먹고 취해야 손님 접대를 잘 했다고 생각하니 중국인의 접대는 확실히 우리와 다르다. 보통 식사시간이 2시간 반 전후에 끝나니 그때에 맞춰 조금 조는 자세를 보이거나 걸을 때 비틀거리면서 걸으면, 그만 끝내라는 신호로 알고서 즐거운 식사 시간을 끝낼 것이다.

중국에서 돈을 벌고 싶으면 먼저 투자하라

가끔 중국에 상품을 팔려고 필자에게 상의하는 사람이 있다. 그 과정에서 '중국에서 돈만 벌려고 하네!'라는 느낌이 들면 참 곤란하다. 제품이 품질도 좋고 가격도 비싸지 않으니 틀림없이 잘 팔릴 것이라고 주장하면서 의견을 물어오면 대답하기가 참 어렵다. 우선 우리가 봐서 좋은 상품이지만 중국인이 좋아할까에 대해서 의문이 많이 들기 때문이다.

두 번째로 드는 생각은 중국인이 좋아하는 제품이라고 판단되어도 상품의 브랜드를 중국사람들에게 알려야 하는데, 이 과정에서 많은 시간과 비용이 필요한데 과연 그것을 감내할지의 여부다. 아무리 한국에서 알려진 브랜드라고 해도 중국의 소비자가 인지하는 데는 마케팅 시간이 필요하다. 어디에서? 어느 성에서? 누구와? 예정 소요기간은?

시간이 걸릴 것이라고 하면 필자에게 적당한 중국사람을 찾아서 팔아주고 이익의 얼마를 당신이 챙기면 되지 않냐고 제안을 하기도 한다. 그러면 더더욱 난처해진다. 나는 내 일도 있고 단순히 도와주는 차원에서 만난 것인데 나보고 자기 상품을 마케팅해서 돈을 벌라는 말이다. 아주 쉽게 나의 직업을 바꾸라고 권하고, 월급이나 활동비는 이익이 나면 챙기라고 제안하는 것과 똑같기 때문이다.

중국어도 안 되고 중국인의 상관습도 모르는 상태에서 돈만 벌겠다고 하는 것이다. 그리고 꼭 간절한 것도 아니다. 이런저런 말을 하면 '아니면 말고'라는 태도이거나, '너도 돈 벌면 좋지 않니?'라는 식의 느낌을 받게 되면 비즈니스를 취미로 하시나, 라는 생각이 들어 씁쓸하다. 한술 더 뜨시는 사장님들은 필자에게 돈 벌 수 있는 기회를 주는데 왜 거부하느냐, 라는 식으로 말씀하시는 분들이다.

자기는 하나도 투자 안 하면서 나보고 하래!

중국에서 돈을 벌고 싶으면 먼저 투자를 해야 한다. 우선 기본적인 대화가 가능할 수 있게 중국어에 대해 투자를 해야 한다. 그리고 중국의 현지 상황과 성공 가능성을 파악하기 위해, 승부를 걸고 싶은 지역을 선정한 뒤 1~2년간 시장조사를 해야 한다. 그 과정에서 적합한 중국인 파트너를 찾게 되면 매우 운이 좋은 것이며, 적어도 시장에 대한 조사에 시간과 비용을 들여야 한다.

한국에서 자리 잡은 회사의 사장들에게 가끔 조선족들이 찾아와서 중국 내 판권을 달라고 하는 경우도 있다. 이럴 경우에 상품 샘플도 많이 쥐어 보내주기도 하지만 1년 뒤에 연락이 오는 경우는 드물다. 중국에서 마케팅을 자기 돈으로 자신의 책임하에 추진하기는 생각처럼 쉽지 않다. 따라서 필자는 중국에서 돈을 벌고 싶다고 마음을 굳힌 분은 그렇게 찾아온 조선족에게 투자를 하여야 한다고 생각한다.

시간과 비용을 들이다보면 좋은 방법을 찾을 수 있고 또는 막상 조사해보니 잘 안될 것 같아 포기하기도 한다. 이런 과정을 거치면서 중국시장과 중국인을 이해해야 한다.

중국인이 주된 고객이 될 때까지 버텨야 성공한 것이다

당연한 말이다. 그 나라 사람이 와서 사야 성공한 것이다. 그러나 현실은 그렇게 쉽지 않다.

일단 중국인은 새로 오픈한 가게에 대해서는 신뢰를 갖지 않는다. 5년 이상 그 자리에서 계속 가게를 열고 있어야 "거기, 괜찮네. 이제는 망하지 않겠네"하면서 한 번씩 가본다. 중국인이 올 때까지 5년 정도를 유지하면서 가게를 꾸려 나가기 위해서는 많은 비용이 든다. 지속적인 선전과 함께 입소문을 기다려야 한다. 일단 중국인들이 와서 "괜찮네"라고 하면 중국인들이 친구들에게 선전도 하고 같이 오기도 한다.

베이징의 한식당 중 자하문, 애강산 등의 고객은 중국인이 70% 이상이다. 또한 베이징대, 칭화대가 있는 우다오커우五道口의 탄탄대로는 중국인 손님이 80%가 넘는다. 세 곳 다 성공한 한식당으로 평가된다.

한국에서 피부숍을 한 경험과 기술을 가지고 중국에서 가게를 열어서 5년 이상 버티지 못하고 철수하는 것을 몇 번이나 봤었다. 문제는 한국의 기술만 믿고 중국에서 가게를 연 것이다. 중국인들을 불러들일 수 있는 인적 네트워크가 하나도 없는 상태에서 가게를 유지하기는 쉽지 않다. 베이징의 월세는 한국보다 비싼 편이다. 특히 외국인인 한국인이 가게를 열면 싸게 해주지 않는다. 보통 보증금이 한 달 월세 정도라서 부담은 적으나, 3~6개월 월세를 미리 달라고 하는 곳도 많다. 따라서 초창기 수익분기점을 넘기도 전에 현금이 없어서 철수해야 하는 경우를 미리 대비하지 않으면 실패한다. 중국에서는 외국인이 은행에서 돈을 빌리기 매우 어려우며 중국의 사채는 연 50% 수준으로 이자율이 너무 높아서 감당하기 어렵다.

중국에서 미용실을 열어도 마찬가지다. 기술이 아무리 좋아도 중국인이 좋아하는 스타일을 알아야 하고 그들의 요구사항을 잘 반영해주어야 한다. 조선족의 경우는 한국 기술을 배우면 버틸 수 있으나, 한국 미용사는 버티기 매우 힘들다. 사무실 월세도 내야하고 개인집도 빌려야 하고, 생활을 하려고 하면 최소 월 2만 위안(한화 약 350만 원)이 소요된다. 가게가 알려지기 전까지 하염없이 견뎌야 하는데 현금이 충분하지 않으면 버티기 매우 어렵다.

큰 계약은 3년 전후에 체결해야 성공한 계약이다

한국의 경우 1년 내에 성과가 보여야 하고 3년 이내에 이익을 내는 것이 일반적인 사고다. 그리고 회장이나 사장 등은 1년 이상 기다리지 못한다. 단기적인 성과를 보여야 주가에도 반영되고, 기업성과도 단기실적으로 평가되기 때문이다.

그러나 중국의 경우는 우리와 다르다. 큰 계약을 체결하기 위해서는 충분한 검토가 이루어져야 하고 집단지도체제이므로 여러 부문이 다 합의하기 위해서는 시간이 많이 걸린다. 따라서 3년 정도의 시간이 걸린다고 보는 것이 타당하다.

중국과 실제 협상하다 보면 처음 1~2년까지는 만날 때마다 새로운 의견이 추가된다. 한국인이 보면 기껏 검토한 내용을 다시 검토해야 하기 때문에 일이 아주 번거롭게 되고 그동안의 노력이 다 헛수고가 되어 허탈하다. 그러나 중국의 관점으로 보면 계약을 제대로 하기 위해서 빠진 부분을 열심히 찾아낸 것이다. 그동안 제대로일한 것이 된다. 따라서 협상할 때는 3년 정도로 시한을 느긋하게잡아야 한다. 그리고 1년 이내에는 상대방의 안에 대해 어떠한 결정도 하지 않고 검토만 해야 한다. 새로운 요구가 오면 또 다시 검토한다. 2년째에 더 이상 나올 것이 없다고 판단되면 그때부터 제대로 검토를 시작하면 된다. 그 사이에 6개월에 한 번 정도는 방문을 하여 관심도 표명하고 초청도 해야 한다. 이렇게 계약에 관심이있다는 의사를 표시하는 것이다.

도중에 다그쳐봐야 3년 이내에 타결은 잘 안 된다. 그래서 서로잘 되었으면 좋겠다는 원론적인 말만하고 특정 조항에 대한 동의를 유보하는 것이 좋다. 나중에 어떤 요구를 할지 모르기 때문이다. 그 대신에 인간적으로 친해지고 서로의 상황을 이해하고 문화의 차이를 이해하는데 집중해야 한다. 그리고 서로간에 충분한 신뢰를 쌓아야 한다. 충분한 신뢰가 있어야 협상의 본격화되며 교착상태에 빠지더라도 돌파할 수 있는 방법을 대화로 찾을 수 있기 때문이다.

어느 정도 협상이 된 후에도 중요한 것 2~3개는 여전히 미결상태로 남게 된다. 그 2~3개는 중국의 최고 책임자가 결정해야 될 사항이기 때문이다. 내부적으로 방침은 세웠어도 대외적으로는 최고 지도자가 바꿀 수 있기 때문에 아래에서는 말을 안 하는 것이다. 따라서 우리 측도 그에 적절히 대응하는 대책을 가져야 한다.

외모보다는 시간으로 사람을 판단하라

한국의 경우 차려입은 옷을 보면 그 사람에 대해 대충 알 수 있다. 회사원인지, 점원인지, 장사하는 사람인지…. 또한 여자들도 옷차림과 외모를 보면 알 수 있다. 재력이 어느 정도인지, 직업이 있는지, 주부인지 등….

그러나 중국인의 경우는 외모로 판단하기 매우 어렵다. 상하이 사람 등 외모를 서구화하는 일부 중국인들은 외모로 판단할 수 있지만 대부분은 옷을 편하게 입는 편이다. 보통 부유층도 머리를 자주 감지 않는다. 머리를 자주 감지 않는 이유는 기후와 밀접한 관계가 있다. 대부분 북방쪽은 건조하기 때문에 머리를 자주 감지 않지만, 남쪽은 습기가 많아서 머리를 자주 감는다.

광둥쪽 사람들은 옷을 멋있게 입으면 남들이 자기 돈을 빼앗아 갈 수 있다는 미신 때문에 눈에 띄지 않는 옷을 입는다. 북방계 사람들도 돈 자랑은 소인이 하는 것이라는 인식이 있기 때문에 옷을 수수하게 입는다.

필자가 베이징대 광화에서 E-MBA 수업을 들었을 때 동기생들은 전부 다 중국 각 성에서 모인 고위층이나 부자들이었다. 그러나 그들의 복장을 보면 지극히 평범하다. 같이 잠시 이야기하고 떠날 때 보면 운전기사와 함께 벤츠를 타고 가는 광경을 보면서 놀란 적이 한 두 번이 아니다.

베이징의 무역센터 근처에 있는 쇼핑몰에 간적이 있는데 중국인이 평범한 복장으로 필자에게 걸어오고 있었다. 그러나 가까워진 다음에 자세히 살펴보면 명품으로 치장하고 있는 경우가 있었다. 중국인은 명품만 중시하지, 한국식으로 디자인이나 컬러를 동시에 고려하지 않아 한국인처럼 외모가 눈에 띄지 않는다.

중국인은 한국 방식대로 얼굴로 부를 판단하기 어렵다. 나도 여러 번 경험했지만 한국에서 돈이 있는 얼굴상이 중국인에게는 적용되지 않는 것 같다. 한국에서는 돈 없는 관상을 가진 중국 부자도 많이 보았다.

그러면 무엇으로 판단해야 하는가? 시간을 들여 여러 번 만나면서 지내다보면 교양 수준도 알고 부도 알게 된다. 단기간에는 모르지만 적어도 3~4번 만나보면 조금씩 알 수 있게 된다.

중국인은 북방인과 남방인이 크게 다르다

필자가 중국인을 어떻게 이해해야 되냐고 물으면 대부분의 중국인은 자기도 잘 모른다고 한다. 땅이 넓고 각 지역의 풍속이 다르기 때문에 잘 모른다고 답한다. 아는 곳은 자기가 태어난 성과 2~3개의 성 뿐이라고 말한다.

중국인들끼리 말하는 것을 듣다 보면 북방인과 남방인 차이에 대해서는 모두 다 말한다. TV 프로그램의 유머에서도 남방인과 북방인의 차이점을 소재로 단편극을 많이 한다. 일반적으로 북방인은 통이 크지만 조금 지저분한 외모며, 남방인은 돈 계산을 한 푼 한 푼 따지지만 외모를 깨끗하게 유지한다고 평가한다. 북방, 남방의 기준은 보통 산둥성을 기준으로 위와 아래로 나눈다.

북방인의 경우, 식당에서 서로 돈을 내려고 카운터에서 싸우는 모습을 종종 보인다. 서로 돈을 내겠다고 상대방을 밀어내다가 넘어뜨리기도 한다. 북방인은 대체로 자신이 돈을 내야 된다고 생각한다. 반면 남방인은 조용히 먹고 자기가 먹은 것은 각자 계산한다. 이것을 'AA制(더치페이)'라고 말한다. 따라서 북방인이 남방인과 같이 식사하게 되면 대개 북방인이 계산을 하게 되고 남방인이 고맙다고 말하게 되는 것을 자주 보게 된다. 그러나 이에 대해 남방인 특히, 상하이 사람들에게 직접 물어보면 절대로 그렇지 않다고 말한다. 한 번씩 서로 사주거나 'AA制'로 각자 낸다고 말하지만 그들의 행동을 보면 솔선해서 돈을 먼저 내겠다고 하는 경우는 매우 드물다.

외모에서도 북방인은 대부분 소탈하게 입고 다닌다. 건조한 기후 때문에 머리도 잘 안 감고 옷도 평범하게 입는 편이다. 한편 상하이 사람들은 매우 깔끔하게 옷도 입고 외모도 깨끗하다. 그래서 남쪽 사람들은 외모로 판단할 수 있지만 북쪽 사람은 외모로 알 수가 없다. 중국 여자들의 성격도 그렇다. 북방의 여자들은 비교적 통이 커서 연애하다가 헤어지면 단념을 일찍 하는 편이나 남방의 여자들은 헤어지자고 말하면 그 사실을 쉽게 받아들이지 못한다. 서양 기준으로 '쿨'한 중국 여자들은 북방인인 경우가 많다. 그들은 남자의 외모도 크게 따지지 않고 학력도 상대적으로 크게 따지지 않는다. 남자의 사람됨됨이를 우선적으로 고려하는 성향이 있다.

한편 남방 여자들은 외모, 학력, 재산 등이 일정 기준을 넘어야 남자를 만나려는 경향이 더 강하다. 그리고 연애를 하다보면 남자는 여자가 원하는 것을 다 해줘야 한다고 생각하면서 행동하는 것이 느껴진다. 중국은 여성의 기가 세지만, 중국 중에서도 남방의 여자들이 훨씬 더 기가 센 것 같다.

중국인의 일하는 방식은 각양각색이다

중국은 인구도 많고 지역도 넓어서 일하는 스타일이 다 제각각이다. 전형적인 상하이 스타일은 영어로 말하고 매우 합리적으로 대화한다. 외모도 세련되고 외국인들과 일하는 법도 잘 안다. 그래서 상담하기는 편하나 실제 계약까지 가기는 매우 힘들다. 돈에 대한 계산이 치밀하여 비즈니스 거래 시 자신의 이익을 하나도 양보하지 않고 오히려 외국인을 설득하려는 경향이 있다.

이와 반대로 북방 스타일은 영어를 잘 못한다. 영어를 잘 알더라도 영어보다는 중국어를 강조한다. 중국에서 비즈니스를 하려면 중국어로 해야 한다는 의식이 깔려있다. 외국인도 많이 접하지 않았고 중국 내에서만 사업을 했기 때문에 외국인에 대한 배려도 잘 모르고 자신의 방식만을 주장한다. 외국인이 협상하기에 매우 힘들어 보인다. 그러나 중국어가 되고 인간적으로 친구가 되려는 마음으로 사람부터 사귀겠다고 생각하면 의외로 일이 쉽게 풀린다. 중국인이 이 외국인의 성격이나 스타일을 보면서 좋은 사람일 것이라고 판단하면 그 이후에는 협상이 매우 순조롭고 빨리 진행되는 장점도 있다.

따라서 중국인과 비즈니스를 할 때, 시간을 두고 사귀면서 마음속의 이야기를 조금씩 하면서 친해져야 한다. 친해지고 나야 일이 시작된다. 자기가 믿을 수 없는 사람과는 쉽게 일을 하려고 생각하지 않는 것이 중국인의 기본 생각이다. 인구가 많다보니 별의별 사람이 다 있으니 항상 상대방이 누구인지, 믿을 수 있는지에 대한 확신이 들어야 일을 시작하는 것이 일반적이다. 모든 것이 순조롭게 빨리 진행된다면 외국인의 등을 쳐서 돈을 벌려고 하는 중국인으로 의심해보는 것이 좋다. 정통적인 중국인의 스타일이 아니라면 중국의 아류(아웃사이더)일 확률이 매우 높으니 사업을 추진해도 손해만 볼 확률이 매우 높다. 만약 중국인이 중국의 법과 제도의 허점을 이용하려고 한다면 외국인은 당할 수밖에 없다.

종교를 경시하는 경향이 있다

중국인들은 종교에 의지하는 것을 나약하다는 증거로 생각하는 경향이 있다. 자신의 일은 스스로 개척해 나가야지 종교에 의지해서는 안 된다는 것이 기본적인 마음자세.

한국은 기독교인이 많은데 중국사람이 기독교나 천주교를 믿지 않는 한 '우리 하나님'이란 말은 중국인과 대화할 때 쓰면 안 된다. 분위기가 썰렁해진다. 중국에서는 종교의 자유를 일부만 인정한다. 즉 교회 내에는 자유롭게 종교 활동을 할 수 있으나, 교회 밖에서 포교활동을 하는 것은 법으로 금지되어 있다.

불교도 마찬가지이다. 사찰 내에서는 종교 활동이 가능하나 사찰 밖에서 포교하면 법으로 금지된다. 2014년 베이징에 있는 유일한 절인 파다추의 영광사를 추석 때 가본 적이 있다. 중국 친구가 새벽에 가는 것이 좋다고 해서 아침 6시에 갔다. 절에 가보니 7시가 조금 넘었는데 벌써 많은 사람이 절 입구에서 표를 사고 있었다. 산 하나에 절이 하나 있어 한국의 국립공원 입장권처럼 줄서서 표를 사고 들어갔다. 나오는 길에 보니 사람들이 너무 많이 와서 절 밖의 길까지 줄을 서서 기다리고 있었다. 최근 경제가 좋아지면서 더 많은 사람들이 기복신앙으로 절을 찾는다고 중국인 친구가 설명했다. 그러나 공식 석상에서 불교를 언급한 것은 들은 적도 없으며 중국 친구들과의 대화에서도 부처님이란 말을 듣지 못했다. 종교에 대해서는 확실히 우리와 생각이 다른 것 같다. 그러나 재미있는 건 중국인의 생활 속에 불교용어가 빈번하게 사용되고 있다는 점이다. 아마 중국인은 불교라고 생각하지 않고 자신들의 문화라고 느끼는 것 같다. 이것은 몇 천 년 동안 불교가 생활 속에 스며들면서 나타난 현상 같다.

인연에 대해서는 자신의 운명이라고 받아들인다. 좋은 사람들을 만나면 자신의 복이라고 생각하고, 좋은 사람과 헤어져도 자신의 운명으로 받아들인다. 안 좋은 일이 생기면 우리는 '액땜을 했다'고 생각하는데 중국인은 '다른 사람을 도와준 것'이라고 말한다. 또한 남을 도와주면서 고생했을 때에는 '자신이 덕을 쌓았다'고 말한다. 나쁜 일을 많이 했으면 '다시 인간으로 태어나기 어려울 것이며 지옥에 가서 고생할 것'이라고 말하기도 한다.

중국인은 고향에 대한 자부심이 강하다

중국인은 고향에 대한 자부심이 매우 강하다. 대화를 하다보면 자신의 출신 지역을 방문한 적이 있냐고 꼭 물어본다. 가본 적이 있다고 말하면 매우 기분 좋아한다. 따라서 어느 성을 방문하기 전에 그 성의 특산물, 명승지, 유명 인물에 대해서 미리 조사하여 관심을 보이면 매우 좋아한다. 사람 이름을 꼭 외워야 하듯이 지명도 제대로 외워서 말하는 것이 좋다.

한국에서 교육에 대한 중요성을 말하기 위해 맹모삼천지교孟母三遷之敎, 맹자의 어머니가 맹자를 교육시키기 위해 이사를 세 번 했다는 고사를 종종 말한다. 그러나 이 고사를 이해하는 중국인은 많지 않다. 중국의 관점에서 보면 맹자의 어머니는 고향을 등지고 자식 교육을 시킨 사람이다. 때문에 바람직한 사람으로 생각하지 않는 것 같다. 자신의 고향을 발전시켜야지, 잘 사는 곳으로 가면서 고향을 등진다는 것은 좋은 행동이 아니라고 생각하는 것이다.

중국 경제가 발전하면서 광둥성은 거의 모든 시, 군이 잘 산다. 광둥인은 자기 고향에 새로운 공장을 짓고 자기 마을을 부자마을로 만드는데 많은 노력을 했다. 그래서 지금의 광둥성은 중국에서 제일 잘 사는 성 중의 하나가 되었다. 이 같은 현상은 저장성에서도 마찬가지로 나타난다. 원저우가 제일 먼저 부자가 되면서 쑤저우, 항저우 등의 도시도 같이 발전하고 있다.

타이완이 발전하면서 푸젠성에 대한 투자가 활발하게 이루어졌다. 본토에서 타이완으로 간 중국인의 대부분이 푸젠성 출신이었다. 그래서 제일 먼저 샤먼에 대규모 투자가 이루어졌다. 화교들이 중국 내에 투자할 때 출신 지역에 제일 먼저 투자한다. 수익률이 높은 대도시로 가는 것이 아니라 고향으로 간다. 고향에서 성공하는 것을 최고로 친다. 그러면서 중국 전체에 자기 고향의 이름을 알리려 노력한다.

중국의 국보급 여가수인 쑹주잉宋祖英은 묘족 출신이다. 대형 무대에서도 항상 묘족 복장을 하고 아주 높은 소리로 노래하는 모습을 보인다. 그 결과 대부분의 중국인은 묘족 여자들이 매우 예쁘다고 인식하게 되었고 기회가 되면 그쪽을 관광하려고 한다. 또한 내몽고족의 남자가수도 유명하다. 그는 힘이 있고 낮은 톤의 남자 목소리로 몽고의 초원을 노래하였다. 그 결과 많은 중국인이 내몽고의 초원을 한 번은 방문하려는 마음을 갖게 된 것이다.

가능하면 빚 없이 투자하면서 재산을 증식시킨다

한국인은 좋은 투자처가 생기면 단기간에 높은 수익률을 올리고 현금화하려고 한다. 그리고 또 다른 투자처를 찾아서 재산을 증식시키려 한다. 이 과정에서 '레버리지 효과Leverage Effect, 빚을 지면서 투자하거나 대출을 적절히 활용하는 것'를 극대화시키려고 한다. 끝없이 머리를 굴리면서 투자처를 찾으나, 운이 나쁘면 한 번에 그동안 번 돈을 모두 날리기도 한다.

중국인 부자를 만나면서 그들은 우리와 다르게 돈을 모은다는 것을 알게 되었다. 중국 베이징의 변호사 사무실 회장이 재산이 많다고 중국인 친구가 말해서 얼마나 많은지 물어보았다. 그도 자기 회장의 돈이 궁금해서 분위기 좋을 때 집이 몇 채냐고 물어보았다고 한다. 잠시 생각하더니 25채까지는 기억이 나는데 나머지는 모른다고 한다. 30채는 넘을 것이라고 한다. 25채까지는 전국에 출장을 다니다 좋은 곳이 있으면 사고, 관광 중에 좋은 위치의 집을 사다보니 그렇게 되었단다. 그 이후에는 거래처에서 사면 좋겠다고 추천해오면 자기 비서에게 연락하라고 하여 산 것이다. 그래서 나머지 집은 어디에 있는지 모른다.

중국은 한국과 달리 부동산 종합과세가 없으니 그렇게 집을 보유할 수가 있다. 그래서 내가 그 집에서 살지도 않는데 팔아서 더 좋은 곳에 투자하면 되지 않느냐고 물어보았다. 그러자 지금 버는 돈도 어디에 투자해야할지 고민하고 있는데 기존에 있는 것을 팔아서 투자하는 것까지는 못할 것이라고 말한다. 그냥 묻어놓았다가 돈이 부족할 때 하나씩 팔아서 쓰는 게 낫다는 생각이다. 최근의 중국인은 돈을 모으면 수익이 나는 상품(베이징아파트 등)에 투자를 하고 월세 등의 수익으로 돈을 다시 모은다. 돈이 쌓이면 수익이 나는 아파트를 다시 산다. 그 수익금으로 은행대출을 갚고 나면 또다시 새로운 수익처를 찾는다. 그래서 돈을 모으는 과정이 매우 시간이 많이 걸린다. 그렇지만 빚이 개인이 감당할 수 있는 수준으로 유지되기 때문에 안정적이다. 또한 수익에 대한 100% 확신이 없으면 투자를 잘 하려고 하지 않기 때문에 한 번의 실수로 전 재산이 날아가는 위험도 없다.

한국인은 빚지는 것을 너무 쉽게 생각하는 것 같다. 이자율이 갑자기 높아지거나 예기치 않은 자금수요 등 위험에 대해서 너무 대비하지 않다가 가진 재산 전체가 흔들리게 된다. 오히려 중국인의 방법이 돈을 안전하게 늘리는데 더 좋은 것 같다.

중국인들은 엔젤투자 방식을 사기행위로 생각하기 쉽다

한국의 펀드매니저들이 중국인 투자자가 설득이 되질 않아 나에게 왜 그러느냐고 물어본 적이 있다. 사정은 이랬다. 한국 IT에 대한 엔젤투자를 받기위해 중국 쪽의 돈 많은 사람에게 사업성에 대해서 자세히 설명하면서 투자를 권유했다. 마지막에 중국인의 질문은 "원금은 보장해 줄 수 있느냐? 최소 10%의 이자를 보장해줘라"는 것이었다. 투자 사업을 못 믿느냐고 하니까 될 것 같다고 대답했다고 한다. 그러면서도 원금과 이자 보장을 요구해서 엔젤투자의 성격에 대해서 다시 설명해줘도 막무가내였다. 어떻게 해야 하는

가를 필자에게 물어본 것이다.

필자는 간단하게 말했다. "원금과 이자를 보장해주던지, 아니면 포기하라." 왜 그러냐고 물어서 의견을 말해주었다. "그렇게 확실한 것이면 10% 이자를 보장하는 게 무엇이 문제인가? 그것을 보장해 주지 않으니 사기꾼으로 생각할 수 있다. 엔젤투자 방식은 자금투 자나 운영에 대해서 투자자가 개입할 수 없다. 운영자가 자기가 쓰 는 비용은 공제하고 이득이 남아야 투자자에게 돈을 준다. 중국인 은 자기가 통제할 수 있는 것이 하나도 없는데 그들이 내 돈을 자 기 마음대로 쓰면서 이익이 나면 돈을 주겠다고 하니 사기꾼으로 여겨 믿지를 못하는 것이다. 투자를 받고 싶으면 원하는 대로 해주 던지, 못하겠으면 중국 돈은 포기해야 한다."

엔젤투자에 대한 질의응답을 통해서 중국인은 투자를 할 때 안 전을 최우선으로 한다는 점을 다시금 느꼈고, 한국의 투자방식은 매우 위험도가 높은 것도 자신 있게 말하고 설득하려는 경향이 있 음을 다시 한 번 확인하는 계기가 되었다. 그리고 끝에 항상 투자 는 본인의 책임이라고 덧붙인다.

한국의 경우 투자가 실패해도 투자가 원래 그런 것이라고 생각 하면서 포기하지만 중국인은 그런 개념이 없다. 확실하게 보장되지 않는 투자를 왜 권하느냐고 오히려 반문하는 것이다. 중국인들도 엔젤투자를 하는데 서로 아는 친구끼리 확실한 이익이 있다고 판단될 때만 하지 한국처럼 모르는 사람에게 권하지는 않는 편이다.

중국은 세계에서 경쟁이 제일 치열한 시장이다

"중국은 한 명에게 넥타이를 한 개씩만 팔아도 1년에 1억 개를 팔 수 있다"라고 옛날에 한국의 모 회장이 말씀하셨다. 중국이 거대한 수요시장이라는 것을 간파하고 말한 것이다. 약 20년 전만 해도 맞는 말이었다. 그러나 지금은 통하지 않는다. 넥타이를 만들어 파는 사람만 몇 십만 명이 된다. 여기에 작은 상점들까지 생각하면 몇 백만 명이다.

중국의 인터넷 쇼핑몰인 타오바오의 고객은 3억 명으로 추정된다. 그러다보니 2014년 11월 11일 싱글데이에 특가 판매를 진행하니 하루 매출액이 한국 돈으로 10조 원 규모가 되었다. 이 뉴스에 많은 한국 사람들이 놀랐다. 한국의 인터넷 시장이 1년에 30조 원 정도이니 그 규모에 놀랄 수밖에 없었다.

타오바오에 상품을 공급하는 사람만 600만 명 정도라고 한다. 한 인터넷 상점에서 보통 30개 정도 파니까 상품수로는 1억 8,000만 개 정도가 올라가 있다. 문제는 여기에서 나타난다. '어떻게 우리 상점을 일반 인터넷 구매자에게 알릴 수 있을까'가 제일 중요한 과제가 된다. 잘 알려지기만 하면 팔리는데 문제가 없는데 어떻게 알려야 하는지가 관건이 된 것이다.

한국 화장품이 중국에서 잘 알려지면서 아모레퍼시픽과 LG생활건강의 매출액이 해마다 급속하게 늘고 있다. 아모레퍼시픽의 중국 매출액이 2년 이내 1조원 규모가 될 것 같다. 어떻게 가능한 것인가? 50년 이상의 회사운영 및 브랜드 알리기, 계속되는 R&D투자를 통한 다양한 상품의 개발 등이 주된 성공 요인이다.

새로운 제품이 아무리 좋아도 중국시장에서 팔리려면 중국사람이 알아야하기 때문에 많은 시간과 마케팅 비용이 들어간다. '브랜드 알리기'가 제일 중요하다. 한국에서 성공한 제품이어야 중국에서도 성공할 수 있다. 처음부터 중국에서 성공하고 싶으면 어떤 마케팅 전략을 수립하느냐가 매우 중요하다. 또한 10년 이상 지속해야 하는 브랜드 알리기 전략에 돈이 매우 많이 든다. 그래서 한 개 도시에서 시작할지, 여러 개 성에서 동시에 추진할지를 심도 있게 검토해야 한다.

이러한 마케팅 전략을 짤 때 주의해야 할 사항은 한국처럼 여러 상품을 동시에 팔기 어렵다는 것이다. 그렇게 하기에는 지역이 너무 많아 마케팅 비용이 너무 많이 들기 때문에, 한 품목에 대한 집중적인 마케팅을 하고 인지도가 높아진 다음에 다른 상품의 공급을 통한 다양한 전략을 수행하는 게 더 바람직하다.

또한 중국시장은 소비자층도 매우 다양하다. 명품족에서부터 실속형까지 모든 수요자가 다 존재하고 어느 층을 타깃으로 삼아도 시장규모는 매우 크다. 따라서 대상 수요층을 먼저 정하는 것이 중요하다. 특정 수요층에 대한 분석을 정확하게 하고 제일 효과적인 전략을 수립해야 한다.

중국인이 좋아하는 아이템은 따로 있다

한국인들은 한국에서 돈 되는 것을 가지고 중국에서 돈을 벌려고 한다. 이런 방식이 대부분 실패하는 이유는 여러 가지가 있다.

첫째, 한국에서는 돈이 되지만 중국에서는 시스템적으로 불가능한 경우가 매우 많다. 예를 들면 IT 관련 프로그램들이다. 중국은 한국의 경우처럼 광선 케이블로 전국을 광통신으로 깔 수가 없다. 땅이 커서 인공위성과 광케이블을 같이 사용하는 통신 시스템을 구축하고 있으니, 한국의 인터넷 전송 속도에 비하면 매우 느리다. 따라서 복잡한 최신 프로그램들도 이런 중국의 시스템에 맞게 설계되지 않으면 중국에서는 무용지물이 된다.

둘째, 중국인이 좋아하는 것과 한국인이 좋아하는 것에는 조금씩 차이가 있다. 색상의 경우, 중국인은 붉은색을 좋아하고 금빛 색상으로 치장을 하면 돈이 생길 것이라 생각해 매우 좋아한다. 그러나 한국인은 눈에 너무 튄다고 싫어한다. MCM 가방 중 중국인이 많이 사는 제품을 보면 중국인이 좋아하는 스타일은 한국과 확실히 다르다는 것을 알 수 있다.

셋째, 중국 정부는 아직도 많은 규제를 하고 있어서 많은 상품이 중국 정부의 인증을 받아야한다. 때문에 외국에서 상품의 우수성 때문에 아무리 잘 팔리는 상품이라도 중국 정부의 인증을 받았느냐에 더 큰 관심이 있다. 따라서 상품의 우수성보다는 중국에서 인증을 받을 수 있느냐가 관건인 경우도 종종 나타난다.

보통 한국의 기능성 화장품이나 건강식품 등은 중국에서 인증을 못 받을 확률이 매우 높다. 중국 정부는 새로 개발된 상품으로 안전이 확보되지 않은 상품은 인증해 주지 않고, 5년 이상 사용되어도 문제가 없는 상품에 대한 인증은 비교적 쉽게 나온다.

넷째, 성省 별로 취향도 다르다. 한국의 신제품은 대도시에서는 관심을 보이지만 지방성이나 시에서는 신상품에는 별로 관심을 보이지 않고 안정적이고 무난한 제품을 더 좋아한다.

베이징 현대자동차의 경우 처음 생산한 모델은 10년이 넘었지만 아직도 일부 성에서는 최신 모델보다 구舊 모델을 좋아하기 때문에 생산을 계속하고 있다. 한국의 경우 옛날 모델의 생산라인이 없어지지만, 중국은 모든 제품의 생산라인을 유지해야 하고 옛날 부품도 확보하고 있어야 한다.

외국인이 하기 어려운 아이템이 있다

한국은 쓰레기처리나 하수도처리 수질관리 등에 기술력을 보유한 기업들이 많다. 그 기술을 토대로 중국 정부나 공기업에 수출하려고 하는 회사들이 많으나 거의 대부분 실패하고 돌아간다. 상무관으로 근무할 때 몇 건을 알아보고 도와주었으나 거의 성공하지 못했다. 이런 일을 도와주면서 왜 안 될까에 대해 많이 생각해 보았으며, 아마도 다음과 같은 이유 때문이라고 개인적으로 결론을 냈다.

오수나 쓰레기는 중국에서도 큰 사회적 문제로서 환경보호를 위해 다각적인 대책을 강구하고 있다.

한국인이 쓰레기처리장을 중국 지방정부와 추진할 때 '자본도 같이 투자하여 20~30년 계약'을 제일 먼저 요구하고 주장한다. 중국 지방정부는 예산이 부족하여 설비를 일시에 투자할 돈이 없으니 너희들이 건설하고 20~30년간 투자비용을 회수해가라고 한다. 한국 사람들은 검토를 하다가 대부분 포기한다. 첫째, 투자비용을 조달하기 어려우며, 둘째, 20~30년간 처리장을 운영해야 하는데 자금회수에 시간도 많이 걸리고 문제가 생겼을 때 A/S처리비용을 생각하면 이익이 남을 것 같지 않다고 판단하게 된다.

또한 중국 지방정부 입장에서도 전 세계 1, 2위의 외국기업이면 적극적으로 검토해 볼 수 있겠으나, 한국의 중견기업에게 자기 시의 오물이나 수질처리를 맡기는 것은 위험부담이 너무 크다. 특별히 한국기업을 선택해야할 명분을 찾기 어렵고, 문제가 생겼을 때 외국기업에게 중요한 시설을 맡겼다는 것에 대한 비난을 피하기 어렵기 때문에 가능하면 중국기업을 선정하는 것이 더 안전하다.

전력관련 산업도 마찬가지이다. 전선이나 애자 등을 한국제품으로 구입하다가 문제가 생기면 중국기업 제품이면 즉각적인 A/S를 할 수 있으나, 외국기업 제품이면 즉각적인 처리가 어려울 수 있다. 그런 우려 때문에 전력관련, 송배전 관련 제품들도 중국에 팔기 어렵다.

중국의 법규 상으론 외국제품을 사용해도 문제가 안 되지만 현실적으로 문제 발생 시 즉각 대응능력에 한계가 있기 때문에 정부나 공기업에서 외국제품을 사기 어렵다.

그래서 환경관련 산업에 대해 중국의 수요는 해마다 급격하게 증가하고 있지만, 한국 사람이 해당 분야에서 사업에 참여하는 데에는 한계가 있다. 계속 A/S를 강화하기 위해 공장을 중국에 지으면 되지 않느냐고 설득하는 경우도 있으나, 중국에 공장이 있어 신속한 A/S를 할 수 있다고 해도 사고가 났을 때 그런 중요한 것을 외국기업에 주었느냐는 비난을 고려할 수밖에 없어서 결국은 포기하는 게 낫다고 생각할 것이라고 필자는 생각한다.

용의 눈은 우두머리가 그린다(畵龍點睛)

양나라 시대 때 장승요라는 화가가 벽화에 용을 그리게 되었다.

삼일 만에 용을 세 마리 그렸는데 모든 것이 진짜 같았다. 그러나 눈동자를 그리지 않아 물어보니 눈동자를 그려 넣으면 용이 하늘로 곧 날아갈 것이라고 말하였다. 사람들이 허풍 치지 말라고 재촉하니 할 수 없이 한 마리 용에 눈동자를 그려 넣으니 그 용이 하늘로 날아가 버렸다. 그래서 지금 난징의 안락사安樂寺라는 절의 벽에는 눈동자가 그려지지 않은 두 마리의 용만이 남아있다.

한 번은 중국의 큰 회사에서 대규모 행사를 할 때 화룡점정을 하는 것을 본적이 있다. 그때 화가가 그림을 다 그린 뒤 마지막에 지도자(우두머리)에게 붓을 주었다. 그리고 지도자가 용의 눈에 눈동자를 찍었다. 말로만 듣던 것을 처음으로 직접 보았다.

이런 행사는 매우 상징적인 의미를 가진다. 중국기업에서 모든 사람들이 일을 하지만 중요한 마지막 결정은 최고의 우두머리가 하는 것이다. 즉, 지도자가 결정해야 그것이 발효되는 것이다. 이것이 한국과는 다른 점이다. 한국은 실무책임자가 모든 것을 책임지고 결정한 뒤 사장에게 보고하여야 일을 제대로 하는 부하라고 평가받는다. 골치 아픈 일은 위에 가급적 올리지 않아야 훌륭한 부하로서 인정받는다.

그러나 중국에서 그렇게 일을 하면 윗사람이 화를 낸다. 니들이 결정한 것은 왜 내가 사인해야 하느냐로 반박한다. 자질구레하고 세부적인 것은 아래에서 다 검토하여 결정하지만 큰 의사결정은 윗

사람이 해야 한다. 따라서 윗사람이 해야 할 의사결정의 권한을 주지 않으면 아주 나쁜 직원이 되는 것이다. 모든 일은 윗사람이 빛나야 하는 것이 중국의 문화다. 중간에 있는 사람에게 수고했다고 말하면 대부분 '자기는 해야 할 일만 했고 모든 것은 위에서 결정한 것'이라고 말한다. 이런 중국의 문화를 알아야 비즈니스에서 제대로 대응할 수 있다.

즉, 내가 모든 권한을 가지고 결정한다고 말하면 뻥을 치거나 거짓말 아니면 사기꾼이라고 생각할 수가 있으니 매우 조심스럽게 말해야 한다. 어려운 결정이 필요할 때에는 윗사람에게 물어봐야 한다고 말하는 게 중국인과 비즈니스 하는데 있어서 최선의 방안이다. 그리고 항상 중국의 최종 결정권자와 한국측 최종 결정권자가 최종 담판할 수 있는 여지를 남겨주는 것이 좋다.

지식재산권에 대한 인식 부족으로 쉽게 카피한다

중국에서 제품이 잘 팔리다보면 곧장 중국기업이 그 제품을 위조하여 판매한다. 일반 상점에 가보면 진품은 얼마, 모조품은 얼마 하면서 소비자에게 팔고 있는 것을 쉽게 볼 수 있다.

베이징의 중심가에 있는 '수수가'에 가면 한국의 백화점보다 큰 4층 건물 전체가 짝퉁시장이다. 그곳에 가면 전 세계의 모든 명품의 모조품이 있으며, 10분의 1이나 2분의 1 가격으로 팔고 있다. 지식재산권에 대해서 중국 정부가 대대적인 단속을 하게 되면 건물이 통째로 문을 닫는 경우도 있지만 대부분은 정상적으로 영업을 한다. 외국인 관광객들은 베이징에 가면 그곳에서 평소 갖고 싶었던 명품의 '짝퉁 제품'을 아주 싼 가격에 살 수 있다.

중국의 지식재산권에 대해서 불만인 사람은 많으나 당분간 이러한 현상은 계속되리라 생각하고 받아들이는 게 현실적이다. 우선 중국인에게는 좋은 것은 많은 사람이 무료나 저렴한 가격으로 사용하는 게 사회에 더 좋다는 인식이 기본적으로 깔려있다. 따라서 자기지식으로 지식재산권이라는 제도를 이용하여 대대손손 돈을 벌겠다는 것을 좋게 보지 않는다.

지식재산권 제도도 법으로 규정되어 있는 것만 보호되기 때문에 조금만 바꿔도 얼마든지 법을 피해갈수 있으며, 중국은 외국의 지적재산권 보호와 다르게 운영되기는 것도 있으니 반드시 사전에 중국의 관련규정을 확인하는 것이 좋다.

중국 정부도 지식재산권 보호를 위해 계속 노력하고 있으나, 한동안은 현재와 같은 상황이 계속될 것으로 평가한다. 따라서 쉽게 카피하여 중국인이 공급할 수 있는 제품은 '브랜드 전략'으로 가든지 아니면 아예 '중국시장에 진출 안 하는 전략'을 사용해야 한다. 즉, 중국인이 그 상품을 사려면 진품은 외국에서만 살 수 있게 하는 전략도 고려해볼 만하다.

중국에서 교육 관련 사업은 안 하는 게 낫다

중국인들의 과외 열풍이 거세다. '한 자녀 정책'의 영향으로 아이들의 영어 등 과외비에 상당히 많은 비용을 투자한다. 그래서 한국에서 학원사업이나 과외시장에 종사하는 사람들은 중국을 미래의 시장으로 생각하기도 한다.

그러나 중국에서 교육관련 사업으로 성공한 한국인을 본적이 없다. 예컨대 한국의 연극영화과나 예술 분야의 전문과정이 아무리 선진화되었어도, 중국에 적용하기는 매우 어렵다. 우선 교육은 사람의 사고에 대한 것을 가르치기 때문에 중국에서는 교육에 관련된 사업은 기본적으로 외국인에게 허가를 해주지 않는다. 그래서 정규과정이나 전문과정을 외국인이 중국의 특정 대학에 만드는 것은 불가능하다. 중국대학이 만들고 싶을 때 조언하고 자문해 주는 것 정도가 외국인이 할 수 있는 것일 뿐이다.

영어 학습지, 수학 학습지 등도 중국에 도입해서 돈 벌기 어렵다. 일단 영어교육도 한국은 문법과 독해 위주로 전개되지만 중국은 숙어 위주로 전개되기 때문에 결국 모든 학습지를 새로 만들어야 한다. 새로 만들어도 직접 팔기는 어려우므로 수익이 나지 않으며, 학습지는 쉽게 카피할 수 있기 때문에 돈 벌기 어려운 분야다.

E-Learning이나 동영상 강의 등도 중국에서 팔리면 새로 만들어야 한다. 새로 만들더라고 쉽게 카피할 수 있어서 투자한 시간과

비용을 회수하기는 어렵다. 그래도 교육 사업을 하겠다고 생각한다면 중국인 파트너를 잘 찾아야 한다. 중국인이 사장이 되고 일은 한국인이 하면서 수익을 5대 5나 6대 4로 나누는 시스템을 택하게 된다. 그러니 믿을 수 있는 파트너가 중요한데 실제 경비를 정산하는 과정에서 다시 문제가 생기게 된다. 일례로 중국에서는 아직도 은행을 통한 송금결제보다는 직접 돈을 전달하는 현금결제가 많이 사용되기 때문에 그 돈을 주었는지에 대한 확인이 거의 불가능하다. 외국인이 할 수 없는 업종에 참여해봐야 중국 파트너가 어디에 돈을 썼는지를 확인할 수 없으니 차라리 안하는 것이 제일 속이 편하다.

중국의 기업회장은 '폼'을 잡지 않는다

중국의 대규모 행사를 참석하여도 행사장에서 중국기업의 회장들의 행동이 눈에 띄지 않는다. 행사에 참석해도 매우 겸손하고 눈에 띄지 않게 행동하기 때문에 그 사람이 어느 정도의 영향력을 갖고 있는지 파악하기 어렵다.

일반적으로 중국의 지도자는 서민들 앞에서 겸손하게 행동하고 평범한 옷차림을 하고 다닌다. 스스로 폼을 잡지 않아도 다 회장이고 지도자인 것을 알고 있으며, 회장이나 국가 지도자에 대해 서민들이 존경하고 있으니 굳이 자신을 드러낼 이유가 없다.

저녁행사 때나 회식 때의 분위기도 테이블마다 각각 술을 마시면서 매우 시끄럽다. 저녁행사를 즐겁게 보내는 것이다. 이것은 우리 문화와 매우 다르다. 우리는 회장을 중심으로 엄숙하고 경건하게 저녁식사가 이루어지는 것이 보통이다. 각 테이블 단위로 마시고 이야기 하는 것도 중국보다는 더 조용하다.

그렇게 시끄럽게 식사를 하다가 끝날 때에는 다시 회장은 회장대로, 지도자는 지도자대로 먼저 가고 전 직원은 배웅을 한다. 이때에도 우리나라처럼 엄숙하게 하지 않고 즐겁게 친구를 먼저 보내는 모습처럼 배웅을 한다. 이런 문화는 TV에서 국가 주석이나 총리들도 거의 같은 방식으로 서민들과 어울리는 모습을 통해서도 볼 수 있다.

그러나 중국인이 외국인이나 외국기업 등을 만날 때는 형식을 매우 중시한다. 보통 기업의 회장이나 정부투자기관의 고위층을 만날 때에는 사전약속이 필수다. 양쪽으로 배석자들이 대통령 면담 하는 것처럼 앉으며 면담은 매우 격식이 있는 큰 접견실에서 한다. 체면을 중시하는 중국의 문화 때문인 것 같다. 자기 국가, 자기 기관에 대한 권위를 상징하듯 말도 매우 절도 있고 위엄 있고 단호하게 말한다. 베이징올림픽이나 상하이엑스포 때 수많은 외국의 국가원수가 중국의 지도자를 만날 때에도 항상 격식 있게 면담 자리를 배치했다. 항상 중국의 지도자는 왼쪽에 서고 외국인사는 오른

쪽에 서서 악수하고 난 뒤 정면을 보고 악수한 채 기념사진을 찍는다. TV를 볼 때마다 거의 같은 형식으로 진행된다. 국민들은 이를 보며 중국에 대해 해외의 모든 국가원수가 찾아온 것처럼 분위기를 만들면서 중국에 대한 자부심을 높이는 것 같다.

중국의 경우, 중국사람들끼리는 격조 없이 지내고, 외국인에게는 권위를 보여야 한다는 사고가 일반적인 것 같다. 특히 서민들이나 직원 등 중국인끼리는 모두 인간적으로 어울리며 가족같이 지내는 모습이 한국인인 나에게는 매우 보기 좋게 보인다.

중국인은 고수익보다는 저위험을 선호한다

베이징의 현대자동차는 5대 5의 합작기업이다. 우리는 현대자동차라고 부르고, 중국인은 베이징자동차라고 부른다. 정확한 이름은 베이징현대자동차이다. 제1공장 설립 이후 현재 제5공장까지 투자하는데 거의 20년이 걸렸다. 이렇게 시간이 오래 걸린 이유는 신규 투자나 설비확장을 할 때 양쪽이 다 합의해야 되기 때문이다. 중국인은 고위험을 아주 싫어하기 때문에 시간이 무르익은 뒤에야 비로소 새로운 투자를 결정한다. 그사이에는 현금을 그냥 보유하고 있는 것이다.

한국의 경우, 현금이 많아지면 참지 못하고 계속 고수익의 신규 투자처를 찾는다. 필요하면 은행차입도 매우 쉽게 결정한다. 그러다보니 위험을 과소평가하여 모기업까지 흔들리는 경우가 종종 나타난다. 그러나 중국은 확실할 때까지 투자를 꺼리기 때문에 한번 돈을 벌게 되면 거의 망하지 않는다. 안정적인 투자처만 찾아 투자하기 때문에 실패할 확률이 한국보다는 적다.

개인의 이재과정도 비슷하게 한다. 돈을 벌면 괜찮아 보이는 곳에 투자를 하고 수익이 날 때까지 기다린다. 10년, 20년도 기다린다. 어떤 경우에는 '자식에게 주면 되지'라는 식으로 진득하게 기다린다. 한국처럼 손절매하고 다시 은행차입을 얻어 한꺼번에 만회하려는 성향이 적다. 한 번은 3채의 집을 팔아서 다른 큰 것을 사면 좋지 않겠냐고 말하니, 돈이 모이면 그것을 고려해 보겠다고 답하고 웃기만 하는 중국인도 있었다. 투자이익을 단기간에 회수하면서 끝없이 키우려는 우리의 사고와는 많이 다른 것 같다. 하나씩 하나씩 투자하다 보니 어느 정도의 부를 이룩하였다는 중국인의 방식은, 한꺼번에 돈을 날릴 위험성이 적기 때문에 안정적인 이재방법으로 생각된다. 다만 참고 계속 기다려야 한다는 것이 전제지만 말이다.

한국은 고수익을 중시하면서 위험을 다소 무시하는데 중국은 안전을 우선적으로 고려하면서 고수익을 경계하는 경향이다. 따라서 중국인들이 새로운 사업을 외국인과 하려고 할 때에는 매우 보수적으로 행동한다. 먼저 사람에 대한 평가를 1~3년 하고나서 괜찮다고 판단되면 아주 작고 간단한 거래를 1~2년 한다. 그러면서 다시 사람을 판단하며, 이 사람과는 계속 같이 갈 수 있겠다는 자신감이 있어야 본격적인 거래가 이루어진다. 그러다보니 5~10년의 기간이 소요된다. 그러나 한번 이런 관계가 구축되면 상대방이 배반을 하거나 속이지 않는 한 10~20년간 자신이 활동하는 기간 중에는 계속 사업을 같이 하게 된다.

성공한 사람이라고 강조하면 사기꾼으로 본다

중국에서 사업 파트너를 찾을 때 제일 힘든 것 중의 하나가 나의 회사나 제품을 열심히 설명해줘도 중국사람이 진심으로 인정하는 것 같지 않은 태도를 보이는 것이다. 중국인이 이렇게 행동하는 이유는 다음의 몇 가지 때문이다.

첫째, 중국인은 비즈니스를 하기 전에 '사람'에 대한 판단에 치중한다. 이 사람을 믿을 수 있는지, 이 사람과 계속 일할 수 있는지, 나를 이용하려고 하거나 배신할 가능성이 있는지. 그러다보니 대화주제도 사업보다는 개인적이고 인간적인 사항, 가족생활 등에 더 신경쓴다. 이런 대화를 통해 먼저 '친구가 될 수 있는가?'에 대한 답을 얻으려고 한다.

둘째, 인간관계보다는 일을 중시하고 서로의 이익만 강조하면 대부분의 중국인과는 같이 일하기 어렵다. "아, 이 사람은 돈이 목적이지 사람에는 관심이 없구나. 내가 왜 이 사람과 일을 같이 해야 되지?"라는 식으로 생각하게 된다.

셋째, 내가 성공한 사람, 성공한 기업인이라는 것을 너무 강조하면 사기꾼으로 본다. 그러면 사기꾼인가 아닌가를 확인할 수 있는 질문과 대답만 오간다. 회사의 규모나 이익 정도를 들어보고 '그 정도로 큰 기업이 왜 나에게 사업을 하자고 제안하는 거야? 회사가 잘 나가면 대부분 겸손하게 말하는데 이 사람이 이렇게 자랑을 하는 것을 보니 아마 모두 다 거짓말일거야! 외국에서 성공했어도 중국에 와서 성공하리라는 보장이 없는데 왜 이 사람은 계속 성공만 강조하지? 중국시장은 중국인이 내가 더 잘 아는데 이 사람이 더 잘 아나? 아니면 다른 중국사람과 하기로 하고 나에게서 중국에 대한 정보만 얻어가려고 하나?'라고 생각한다.

넷째, 중국에서의 사업은 '개인주의'나 '영웅주의'의 방식으로는 성공하지 못한다. 어떤 일을 하려면 수많은 사람들이 협력해야 겨우 성공할 수 있다. 그런데 한국이나 미국의 경우 특출한 개인의 성공담을 말하다 보니 무의식중에 '모든 일은 자기가 다 책임지고 한다'라는 태도를 가지게 된다. 이런 태도를 말하다보면 중국인들은 '아 이 사람은 참 똑똑하구나! 혼자서 모든 일을 처리할 능력이 있네! 그런데 왜 나와 사업하자고 제안하지?'라고 마음속으로 생각한다.

중국의 근로자는 회사를 옮기면서 승진한다

중국 근로자들은 회사에서 상사와 부하직원의 개념이 강하지 않다. 서로 월급과 능력의 차이는 인정하면서도 같이 일하는 동료라는 개념이 강하다. 그래서 말도 스스럼없이 하고, 반대 의견도 수시로 제시하고, 같이 잡담도 한다. 한국처럼 상명하복식의 근로자는 기대하지 않는 게 낫다. 또한 퇴근시간에도 눈치를 보지 않고 퇴근한다. 규정된 시간에는 일하지만 그 시간이 넘으면 퇴근하는 것을 당연하게 여긴다.

노동시장이 한국보다 더 신축적이다. 외국계에 근무하는 중국 근로자의 목표는 다음에 다른 회사로 이동하면서 지위도 높이고 월급도 높아지는 것이다. 한 직장이 평생직장이라는 관념이 약하고, 성공하기 위해서 필요하다면 계속 회사를 옮기면서 승진하려고 한다. 그래서 항상 직원이 이직할 것에 대비하여 회사를 운영해야 하는데, 대비하지 않은 경우에는 고생을 하게 된다. 퇴사도 어렵게 생각하지 않으며 나가기로 결정한 경우에도 회사에 미리 말하지 않는 편이다. 미리 말하면 당장 관두라고 할지 모르니까. 아니면 더 근무하라고 하면 자신의 계획에 문제가 되니 임박해서 말한다. 한국과는 다른 문화다.

중국도 노동조합이 있지만 한국과는 다르다. 서로 협의하여 결정하는 편이고 무리하게 자기주장만 계속 말하는 경우는 거의 없다.

한국의 노조 관계자들이 중국의 공회를 많이 시찰하면 한국과는 행태가 다른 것을 많이 느낀다. 중국의 노조는 회사에서의 경제적 이익 외에는 말하지 않는 편이다.

한국기업이 공장 문을 닫을 때 체불임금에 대한 것을 끝까지 신경을 잘 써야 한다. 공장을 닫아도 임금 지불이 완벽하게 지불되지 않았다면 중국의 지방성 정부는 공장의 청산절차를 승인해주지 않는다. 또한 근로자와 완전히 합의가 되어야지, 합의가 안 될 경우에는 나중에 체불임금이라고 지방정부에 근로자가 고발한 자료가 실제의 2~3배로 부풀려져서 신고되는 경우가 생긴다.

중국의 지방정부는 근로자가 실직되면 실업수당을 지불해 주어야 할 의무가 있기 때문에 임금체불에 대해서는 매우 심각하게 대처한다.

중국인 직원은 한국인 직원과 행동이 다르다

중국의 공장에서 상사와 부하직원의 개념이 한국과 다르다. 서로 동료처럼 지내고 의견이 다른 경우에도 자유롭게 자기생각을 말하는 편이다. 퇴근시간이 되면 눈치를 보지 않고 퇴근한다. 서로 대등하게 일하는 관계라고 생각한다.

중국직원이 규정에 맞춰서 일을 못하게 되면 제일 좋은 방법은 월급에서 벌금으로 떼는 것이라고 한다. 일반 중국회사는 지각을 하면 얼마, 무단결근이면 얼마, 조퇴하면 얼마라는 식의 벌금제도로 규율을 통제한다.

중국 종업원을 혼낼 때 한국식으로 무릎을 꿇게 해서는 안 된다. 한국인과 달리 중국인은 일생에 무릎을 꿇지 않는다. 무릎을 꿇게 하는 것은 중국인에게는 용서받지 못할 행위로 간주된다. 인간으로서의 자존심을 포기하는 행위를 시키는 것으로 간주되어, 원인에 상관없이 그 행동 하나로 오히려 전 직원 앞에서 사장이 사과해야 한다. 중국의 관습을 몰라서 그런 것이며 다시는 하지 않겠다고 선언을 해야 겨우 가라앉는다. 내가 아는 중소기업 사장도 그런 건으로 종업원을 모두 달래는데 거의 두 달이 걸렸다고 자신의 경험을 말했다. 어떤 미용실 원장은 그런 식으로 혼냈다가 전 직원의 반감을 사서 오히려 미용실에서 쫓겨났다. 중국인은 체면을 목숨처럼 생각하며 무릎을 꿇게 하는 것은 아주 심각한 행위이니 중국인을 종업원이나 직원으로 쓸 때에는 각별히 조심해야 한다.

중국인 근로자와 말할 때 한국은 선진국, 중국은 후진국이라는 말이나 감정을 표현하지 않아야 한다. 사장의 말이나 행동 중에 그런 느낌이 들면 마음을 닫아버린다. 그리고 중국과 중국인을 무시했기 때문에 중국인의 체면이 매우 손상되었다고 느낀다. 그 이후에는 마음속으로 복수하려는 행동이 없으면 오히려 고마워해야 한다. 어느 나라를 가든 어떤 비즈니스를 하든 '존중'은 모든 것의 바탕이고 기초다. 말과 행동에서 중국인을 존중해야 중국에서 사업을 할 수 있다.

중국의 회계와 인사 분야는 한국과 다르다

필자는 2005년 늦은 나이에 중국을 가기로 결심하고 중국어를 배우기 시작하였다. 2년여 동안 틈만 나면 중국에 투자하거나 사업을 한 경험이 있는 사람들과 만나고 나서 2007년 8월 중국 상무관으로 근무하게 되었다. 상무관 재직기간 내에 베이징에서 다시 많은 기업인들에게 중국에 대해 물어보고 토의하는 과정에서 한국에서 배운 시각의 90%가 틀렸다는 것을 알게 되었다. 왜 이렇게 다른 걸까?

중국 현지에서 활동하는 기업인들은 전부 다 중국어가 가능하고 10년에서 20년 동안 일하신 분들이었다. 그들은 나의 의문에 많은 해답을 주었다. 한국에서 내가 만났던 사람들은 중국에 투자를 한 사장이나 임직원들이었으며, 그들은 중국어도 안 되고 가끔씩 중국으로 출장을 다니시는 분들이었다. 중국을 모르고 사업하신 분들이었다.

이러한 현상은 지금도 나타난다. 가끔 중국 사업이 잘 안된다고 말씀하시는 분들을 만나서 그 이유를 들어보면 80% 이상이 중국의 문화나 상관습을 모르기 때문에 생기는 것이라고 판단된다.

20% 정도는 시스템의 차이라고 생각된다. 한국의 경우 기업회계가 투명해서 비자금을 만들기가 쉽지 않지만 중국은 현금으로 직접 주어야 할 경우가 많아서, 한국의 회계 시스템 때문에 현금을 제대로 주지 못하는 경우가 종종 있다. 중국에서 한국의 회계 시스템을 유지하면서 사업하려니 쉽지가 않은 것이다.

또 다른 하나는 인사부문이다. 중국의 경우 모든 비즈니스는 회사의 개인과 이루어진다. 회사 내에서의 개인이 맺은 인간관계로 사업이 운영되는 것이다. 인간관계를 맺으려면 3년 정도의 기간이 걸리기 때문에 한국식으로 직원을 3년에 한 번씩 바꾸면 인간관계를 다시 맺어야한다.

한국에서는 회사 내 직원이나 임원이 바뀌어도 시스템으로 일하기 때문에 실적에는 큰 차이가 없다. 그러나 중국은 사람끼리의 관계로 일을 하기 때문에 사람이 바뀌면 새로 일을 하는 것과 마찬가지가 된다. 한국식으로 2~3년 단위로 중국에 근무하는 직원이나 임원을 바꾸다보면 사업이 항상 제자리인 경우도 종종 나타난다. 게다가 전에 있었던 사람과 아주 좋은 관계를 맺고 있었는데, 새로운 한국 직원이 다른 방식을 요구하게 되면 중국사람은 해당 한국회사와 사업을 끊는 경우도 종종 나타난다. 한 명이 퇴사하고 새로운 사람이 오더라도 그 전에 자기가 믿고 같이 일했던 퇴사한 한국 사람을 도와주는 것이 중국식 인간관계다.

외국인을 비난할 때 중국인의 속마음을 잘 느껴야 한다

중국사람들이 외국인에 대해 강하게 비판하는 경우가 간혹 있는데 이 경우는 중국의 자존심에 상처를 받았을 때 나타난다. 하나는 미국에 대한 것이다. 한국인은 미국을 그렇게 잘 따르는데 과거 천 년 이상 한국은 중국에 조공을 바치지 않았느냐고 비난하는 경우다.

이런 말을 하는 경우는 대부분 중국에 강한 자부심을 가지고 있는데, 한국이 중국을 인정하지 않는 것 같고 미국만 인정한다고 느꼈을 때다. 그럴 경우 이렇게 묻는 듯하다. 따라서 하나씩 천천히 말해주면 된다. 중국에 대한 감정을 솔직히 말해주어라. "친구가 되려고 여기 온 것이다. 같이 잘 해보자고 온 것이지 중국을 무시하면서 돈 벌자고 하는 것이 아니다. 미국의 경우 전 세계의 리더 국가로서 배울 만한 점이 많아서 따르는 것이다. 중국도 그렇게 된다면 당연히 따를 것이다. 중국인과 친구가 되려고 온 것이다."

다른 하나는 한국의 조공에 대한 것이다. 보통 조공제도를 언급하는 것은 중국을 무시한다는 느낌이 들 때 말하는 것이다. 그럴 때에는 자신의 행동을 하나씩 다시 생각해보면서 '한국은 선진국, 중국은 후진국'이라는 오해를 주는 행동이나 말을 한 적이 없는지 검토해보는 것이 좋다. 생각해보고 그런 오해를 줄 수 있는 말이나 행동을 바꾸면 된다. 이렇게 필자가 강조하는 것은 한국인이 무의식중에 중국인이 그렇게 느낄 수 있는 말이나 행동을 아무 생각 없이 하고 있는 것을 여러 번 봤기 때문이다.

외국인이 돈만 벌고 한국인을 무시하고 한국문화를 무시한다면 누가 좋아하겠는가? 한국에서 돈을 버는 외국인이 당연히 한국의 가치관이나 문화를 인정하고 칭찬해주기 바라지, 한국을 비판하거나 폄하하는 외국인을 좋아하는 한국 사람은 없을 것이다. 중국인도 마찬가지라고 생각하면 된다.

또한 조공제도는 다소 까다로운 점이 있다. '왜 미국을 좋아하느냐, 중국이 앞으로 더 강국이 될텐데'라는 자존심이 있으나, 아직까지 그렇지 못한 것을 안타까워하고 있는 중국인들도 많다. 그런데 외국인인 한국인이 중국을 무시한다는 느낌을 준다면 참을 수가 없게 된다. 그럴 때 과거의 조공제도를 언급하면서 오히려 비난하게 되는 것이다. 따라서 다시 조공을 바치라는 뜻이 아니니, 중국인의 속마음을 달래주면 된다. 이런 경우 상당 부분 한국인이 흥분하면서 말하는데 흥분해서 말하다보면, 과격한 말을 자기도 모르게 하게 되면서 분위기가 더 썰렁해진다.

상황에 따라 대응하는 방법이 다 다르나 항상 다음과 같은 사항을 명심하고 있으면 큰 문제는 없다.

① 중국인의 가치관이나 문화를 인정할 것

② 중국에서 돈만 벌어서 가겠다는 말을 하지 말 것

③ 한국은 선진국, 중국은 후진국이라는 식의 느낌을 주지 말 것

④ 중국인을 불필요하게 비판이나 비난하지 말 것

중국인과 대화 시 금기해야 할 말

중국과 사업을 잘하기 위해서는 먼저 우리의 생각을 다시 한 번 점검해야 한다. 중국사람들과 말하다 보면 상대방도 나의 감정을 금방 느끼기 때문에 평소에 우리의 관점에 대해 다시 한 번 생각해 두는 것이 중요하다. 중국의 가치관은 미국의 가치관과 다른 점이 많기 때문에, 그 차이점이 무엇인지 알고 있어야 한다. 적어도 중국의 가치관에 대해서 부정하거나 비판하면서 중국에서 돈을 벌수 있다는 것은 불가능하다. 중국의 가치관에 찬성하지는 못해도 그 나름대로 이유가 있다, 라고 생각하면서 중국인의 가치관도 존중해줘야 한다.

제일 큰 차이는 국가에 대한 관점이다. 중국인은 정부를 신뢰한다. 다소 문제가 있어도 강력한 국가가 있어야 경제가 발전하고 나라가 평화롭게 된다고 믿는다. 미국식으로 작은 정부, 최소한의 정부를 주장하면서 중국의 제도나 관습을 바꿔야한다고 주장한다면, 중국인은 "다른 나라로 가면되지. 네가 싫어하는 나라에 와서

돈만 벌려고 하느냐?"라는 반대 감정을 은근히 나타낸다.

또한, 공산당체제가 독재이며 비민주적이라고 주장한다면 서구도 당이 두 개 밖에 없는데 왜 그렇게 말하느냐는 식으로 대응한다. 중국인은 "중국의 특색에 맞게 정치체제가 발전하고 있는데 뭐가 문제냐, 공산당이 중국을 이렇게 발전시키고 있는데 그게 무슨 문제이냐?"라는 감정을 일반적으로 가지고 있다.

민주화에 대한 것도 주의해야 한다. 경제가 발전하면 민주화 욕구가 높아지니 중국도 이에 대해서 대비해야 한다는 등 점잖은 충고는 안 하는 게 좋다. 그렇게 말을 하면 중국을 분열시키려는 의도가 있는 것 아닌가라고 의심하면서 "중국의 민주화도 중국인이 스스로 결정하는 것인데 왜 외국인이 중국에 강요하느냐? 우리는 대국이다. 우리 스스로 선택한다"라는 태도를 보인다. 그리고 중국도 민주적으로 발전하고 있다고 믿고 있으며 실제로 많이 개선하고 있다.

티베트 문제는 아예 말하지 않는 게 제일 좋다. 티베트 문제는 영토의 문제와도 직결되어 있는 제일 민감한 사안 중 하나다. 사실 미국에서 활동 중인 달라이 라마의 말도 중국인의 관점에서 보면 전혀 다르게 해석이 되기 때문이다. 따라서 정확하게 알지 못하는 경우에는 신문이나 뉴스에서 본 막연한 지식을 가지고 말하는 것은 자제해야한다. 중국에 비즈니스하려고 왔으면 비즈니스에 집중해야지,

잘 모르는 정치문제에 대해 의견을 말하는 것은 의미가 없는 일이다.

'사랑한다', '고맙다'는 말은 주의해서 사용하라

중국인은 진정한 친구가 되면 '고맙다'는 말을 쓰지 않는다. 친구니까 당연히 해야 할 일을 했다고 생각하는데 '고맙다'라는 말을 들으면 나를 친구로 생각하지 않는 건지, 생각을 다시 하는 것 같다. 따라서 내가 무엇을 해주어도 고맙다는 말을 하지 않는다면 무례한 것이 아니라, 당신을 자신의 가까운 친구라고 생각하는 것으로 느끼고 지나가야 한다. 어떤 중국인은 "친구니까 앞으로 고맙다고 안 해도 돼!"라고 직접적으로 말하기도 한다.

또한 조심해야 할 것이 '사랑한다'는 말이다. 한국인은 사랑한다는 말을 자주, 모든 사람에게 쓰지만 중국인은 연인이나 가족 사이에서만 쓴다. 중국 선생님에게 사랑한다고 말하면 깜짝 놀란다. 따라서 사랑한다는 말보다 다른 표현을 생각해 두어야 한다. 내가 큰 도움을 받았다면 '너의 도움이 큰 역할을 했다'라고 말하거나 '네가 최고야'라는 식으로 말하는 것이 좋다. 우리는 매우 어색하게 느끼겠지만 '너는 나의 은인이야'라는 말도 중국인은 자연스럽게 사용한다.

공식회사 방문 시 직원이 잘해주어 고맙다고 하면, 대개 자신이

해야 할 일을 했을 뿐이라고 말하면서 매우 쑥스러워 한다. 우리는 고맙다, 라는 말을 안 해주면 서운해 하는 것과 비교하면 중국인은 우리와 사소한 부문에서 차이가 있음을 느끼게 된다.

길가에서 길을 물어보거나 할 때에는 항상 '고맙다'는 말을 반드시 해야 하고 내가 길을 가르쳐 주었을 때는 항상 '고맙다'는 말을 듣게 된다. 모르는 사람끼리 예의를 차려서 반드시 말해야 한다.

부하직원이 열심히 일을 했을 경우에는 '고맙다'는 말을 하지 않고 '수고했어'라고 말한다. 중국 국경절 때 군사열에서 주석이 차를 타고 지나가면서 도열한 중국군에게 "제군! 수고하고 있어!"라고 말하니 중국군이 "국민을 위해 봉사한다"라고 대답했던 것이 아직도 매우 인상적으로 기억에 남아 있다.

중국인은 '미안하다'는 말을 잘 안 한다

중국인과 일하다보면 '미안하다'라는 말을 듣기 어렵다. 그 이유를 잘 알아야 중국인과 일하는데 불필요한 오해가 생기지 않는다.

첫째, '미안하다'라고 말하면 전부다 자기 잘못으로 인정하는 것이기에 '미안하다'는 말을 쓰지 않는다. 운전 중 가벼운 접촉사고가 났을 때 한쪽이 미안하다, 라고 말하면 모든 것이 그 사람 책임으로 된다. 대부분의 교통사고는 서로의 책임이 조금씩 있으니 끝까지 자신이 잘못 없음을 주장해야 한다. 공안(경찰)이 누가 잘못했는지 판단해 주기 전까지는 계속 자신의 입장만 반복한다.

둘째, 길을 찾아가거나 만나기로 한 장소에 제시간에 도착하지 못했을 때 중국인 기사에게 화내며 말을 해도 기사는 그 장소로 가는 것보다는 자기는 잘못이 없다고 주장하는데 시간을 보낸다. 자신이 잘 몰라서 아니면 자기가 더 주의를 하지 않아서 제시간에 도착하지 못했다고 인정하게 되면, 늦은 사유로 생기는 모든 손해를 기사가 부담해야 하기 때문에 자신이 잘못하지 않았다는 것에 집중하여 말한다. 이럴 땐 중국인 기사에게 괜찮으니 빨리 가는 것도 중요하다고 말해주어야 비로서 다시 길을 찾는다. 자신이 잘못이 없다는 것을 확실히 들었으니 이제는 길을 찾아 빨리 가는 것이 자신의 일이 되는 것이다.

셋째, 협상을 하다보면 수시로 요구조건을 바꾸거나 갑자기 새로운 조건을 제시하고 기존 합의된 내용도 번복하는 경우가 있다. 그럴 때 일반적인 원칙에 벗어난다고 항의하거나 책임이 누구에게 있느냐고 물어도 대부분 그 사유를 말해주지 않는다. 더더욱 이해가 안 되는 것은 상대방이 그런 행동을 하면서도 '미안하다'는 말도 하지 않는다는 점이다. 그러면 더욱더 화가 나게 된다. 왜 그럴까? 이 사람과 계속 협상을 해야 하나? 믿을 수 있는가?

중국의 의사결정은 개인이 하는 것이 아니라 집단이 결정한다. 그러다보니 10~20명의 관계자가 모여서 토의를 하는데 모든 부분에서 찬성해야 일이 성사된다. 어느 한 부문이 뒤늦게 다른 의견을 제시하면서 기존 합의를 깨야한다고 주장을 강하게 하면 모인 모든 사람이 그렇게 하자고 결정한다. 그러면 협상책임자가 집단이 결정한 요구조건을 다시 제시해야 한다. 자신이 결정한 것이 아니기 때문에 상대방에게 '미안하다'라고 말하지 않는다. 집단이 결정한 것이니 자신의 일을 하면 된다. 그 사유나 배경에 대해서는 알아도 말해주지 않거나, 말하지 말라고 지시를 받았기 때문에 대부분은 명확한 사유를 말해주지 않는다. 복잡한 내부사정을 말하기도 어렵고 말해주면 자신들의 협상력이 약해질지 모르기 때문에 말할 수도 없다. 그 의사결정이 받아들이기 어려울 경우에는 우리도 기존의 모든 합의를 다시 처음부터 해야 한다고 입장을 세우면 된다. 그리고 처음부터 다시 시작하라! 참 중국인과 하나의 합의를 도출하려면 시간이 오래 걸릴 수밖에 없다.

중국의 공안은 막강한 힘을 가지고 있다

한국 사람들이 중국에 가서 생활하다 보면 중국 경찰, 즉 공안의 힘이 매우 세다고 느낀다. 중국사람끼리 크게 싸우다가도 공안이 오면 조용해진다. 문제가 아무리 복잡해도 공안의 결정에 대해서 이의도 거의 제기하지 않는다.

사업하다가 상대방이 말도 안 되는 주장을 하거나 은근히 협박을 한다면 혼자 풀려고 하지 말고 그냥 공안에게 부탁하는 게 제일 좋다. 공안의 경우에는 중국인과 외국인 사이에서 서로 납득할 만한 방안을 제시해줄 수 있다. 만약 중국인이 외국인을 속인 것이라고 보이면 그 중국인은 중국의 체면을 깎는 행위를 외국인에게 했기 때문에 중국법에 의해 강하게 처벌될 수도 있다.

중국의 경찰은 한국의 경찰과 검찰의 권한을 다 가지고 있다. 즉 수사권과 기소권을 다 가지고 있는 것이다. 중국 검찰도 그 힘이 있지만 인원수가 한정되어 있는 반면, 공안은 모든 성, 시까지 조직이 있기 때문에 사실상 공안이 중국의 사회질서 유지를 전적으로 책임지고 있다고 생각하면 된다. 외국인이 중국에서 사업하려면 어려움이 많을 수밖에 없다. 따라서 공안 1~2명은 친구로 사귀어 두어야 문제가 생길 때 쉽게 해결할 수 있다. 법 해석이 애매한 경우에도 공안의 결정이 최우선적이다. 또한 각 지방의 공산당 조직을 보면 공안이 검사보다 앞에 있는데 공안의 힘이 검사보다 더 세다는 것을 간접적으로 알 수 있다.

중국여행이나 출장 중에 여권을 분실하면 매우 번거롭다. 중국의 규정에 의하면 공안의 분실신고 확인도장이 있어야 한국 영사관에서 임시여권을 발급해줄 수 있다. 주말에 분실하게 되면 곧장 한국 영사관에 신고하여 한국 경찰의 도움을 받아야 일이 비교적 빨리 끝난다. 중국 공안에서는 잃어버린 여권이 범죄에 악용될 수 있느냐의 여부를 검토한다. 한국여권은 서양인의 여권과 달리 사진만 바꿔 넣으면 중국인과 한국인을 외모로 구별하기 어려워 범죄에 악용될 수 있기 때문에 매우 민감하게 검토한다. 제일 좋은 방법은 자신이 직접 주장하는 것보다는 한국 영사관에 근무하고 있는 한국 경찰의 도움을 받아 해결하는 것이다. 일반인은 공안에 가서 설명해도 진실인지 거짓인지를 다시 판단해야 하는데 제3자인 한국경찰이 이 사람의 한국 내에서의 지위 등을 말해주고 분실된 것 같다고 말해주면 큰 문제가 없는 한 한국측 의견을 존중해준다.

중국에서는 현금거래보다는 은행을 이용하라

한국보다 중국 내에서는 외환규정이 매우 까다롭다. 하루에 환전을 할 수 있는 금액의 한도가 있는 경우에는 몇 번에 걸쳐 환전해야 한다. 또 모든 은행지점에서 다 환전이 가능하지도 않아서 외환거래가 가능한 지점으로 가야한다. 또한 중국 내 환전수수료도 비싼 편이라 금액이 적으면 괜찮으나 금액이 큰 경우에는 수수료도 부담된다. 이렇게 외환규정이 까다로운 것은 해외투기자금에 대한 감시 때문이고 외환거래규정을 위반할 경우에는 형사처벌까지 가능하니 중국에서 외환거래는 매우 신중하게 생각해야 한다.

많은 한국 사람들이 중국에 투자한 돈을 회수하는데 어려움을 느끼는데 대부분 외환거래에서 큰 문제에 부딪힌다. 처음 투자할 때 외환거래에 대한 비용(환차거래비용)이 아까워서 은행을 통하지 않고 '환치기'를 사용하여 돈을 중국으로 보낸다. 물론 한국은행에 신고하고 서류도 제출해야 하는데 복잡하기도 하고 몰래 투자하고 싶은 동기도 있어 '환치기'를 하기도 한다. 이렇게 하면 중국에서 돈을 벌게 되어도, 중국은행을 통한 한국 송금이 불가능하게 된다. 외환통제가 까다로운 중국에 외환이 들어온 서류가 있어야 세금을 납부한 뒤 한국에 송금을 할 수가 있는데, '환치기'로 돈이 갔으니 제대로 말하게 되면 외환관리법 위반으로 형사처벌을 받게 된다. 그래서 다시 환치기 과정에서의 복잡한 절차와 시간을 들인 뒤 겨우 한국에 들어올 수 있게 된다. 위험부담이 너무 크다.

더 큰 문제는 중국에 투자한 돈이 합법적인 투자가 아니고 외국인에게 허용이 안 된 불법투자인 경우에 발생한다. 투자를 유도한 중국사람은 이것을 알지만 한국인은 불법인지 잘 모르고 불법이라고 알아도 중국인 파트너가 다 문제없다고 크게 말하면 그 말을 믿고 투자하기도 한다. 현지답사, 관련 중국인 면담 및 회의도 완벽하게 진행되지만 투자를 하고 나면 모든 상황이 정반대로 된다. 일단 돈이 중국으로 들어왔고 명의는 아직까지 중국인의 명의라면 불법으로 들어간 돈은 중국사람이 가지고 도망가도 찾아올 방법이 없다. 설사 찾을 수 있는 방법이 있어도 중국으로 입국한 순간 나오기가 어렵다. 외환관리법에 의한 고발이 있게 되면 불법외화거래로 인한 형사처벌을 받아 중국에서 재판을 받아야 하기 때문이다.

이렇게 자세히 말한 것은 그만큼 중국을 우습게 알고 중간 브로커의 말만 믿고 투자하다가 돈을 날린 한국인을 종종 보았기 때문이다. 중국에 투자를 하려면 모든 돈은 은행을 통해 송금해야 하고 관련 서류가 다 가지고 있어야 한다. 그래야 다시 한국으로 가져올 수 있게 되고 은행으로 송금이 안 되었으면 다시 회수할 때에도 불법으로 나와야 하는 위험을 감수해야 한다.

외국인에게 금지된 업종은 하지마라

중국의 법은 정비되면서 과거의 느슨한 부문들에 대한 새로운 규정들이 계속 만들어지고 있다. 따라서 중국투자시 중국의 관련 규정을 자세히 살펴봐야 하는데 외국인이 각종 조례나 규칙까지 정확하게 알기 어렵기 때문에 제일 확실한 방법은 중국의 변호사 사무실을 이용해야 하는 것이다. 그런데 그 비용도 싸지 않아서 그 돈을 아끼려고 직접 확인하는 것은 위험이 더 큰 것 같다.

외국인에 금지된 업종을 하려고하면 모든 명의가 중국인으로 되어야 한다. 사업의 초장기에는 잘 협조가 된다고 해도 사업이 잘 될 경우에도 종종 문제가 발생한다. 일단 명의를 가지고 있는 중국인이 다른 사람에게 권리금을 받고 팔고 도망가면 그것을 막을수 없다. 모든 투자금이 자기 것이라고 증명할 서류도 없고 설사 은행을 통해 증명이 되어도 불법 업종에 편법으로 투자한 것을 명백하게 보여주는 것이므로 다시 법에 의해 처벌 받을 것을 감수해야 한다. 결국 투자자금을 회수하기 어렵다는 결론이다. 이런 상황은 피부샵, 병원, 교육관련사업을 불법으로 투자한 한국 사람에게서 종종 발생한다.

또한, 중국인의 명의로 사업을 하다보면 사업경비에 대한 마찰이 항상 생긴다. 현금으로 비용을 주었다고 해도 그것을 확인할 방법도 없고 금액도 적정한 것인지도 알 수가 없다. 이렇게 강조하여 말하는 것은 아직도 '중국인은 인맥이 중요하므로 확실한 인맥만 있으면 다할 수 있다'라고 믿는 사람들 때문이다. 확실한 인맥이 중요한 것은 사실이지만 위법적인 사업까지 보장해주는 것은 아니라는 점을 명심해야 한다. 특히 부정부패에 대한 단속이 강화될수록 법을 제대로 지키는 방법이 제일 안전한 투자방법이다. 외국인이 먹을 수 없는 돈은 포기해야 한다. 당연한 말이라고 생각하지만 막상 인맥을 거명하면서 그럴듯하게 말하면 '남이 먹을 수 없는 돈을 나는 먹을 수 있다'라고 믿게 되면서 투자원금을 다 날리는 경우가 생기기 때문에 다시 한 번 말한다. 외국인이 먹을 수 없는 돈은 포기하라!

중국에서 실패하고 싶지 않으면 모든 서류를 보관하라

중국은 세무서에 세금을 이미 납부했어도 담당자가 바뀌면 다시 세금미납을 사유로 벌금을 부과할 수도 있다. 이때 과거에 낸 세금영수증을 보여주면 쉽게 끝나지만 영수증이 없으면 상당히 골치 아파진다. 중국의 전산망 미비로 과거 낸 세금을 확인할 수 없기 때문에 세금을 낸 사람이 서류를 항상 보관하고 있어야 한다.

각종 허가를 받을 때의 서류도 잘 보관하고 있어야 한다. 허가를 변경해야 될 때 한국 사람들이 가장 고생하는 것이 그 당시 허가를 신청한 사람의 여권을 요구할 때다. 신청서에 있는 사람의 여권이 있어야 하는데 그사이에 인사발령이 있어서 퇴직한 사람의 여권이 없기 때문이다. 겨우겨우 연락이 되어 여권을 복사하려고 하는데 여권 유효기간이 지나서 폐기되었다면 문제가 생긴다.

세무감사를 한 번도 받지 않다가 10여년 만에 세무감사를 받으면 그동안의 비용지출내역과 관련 서류가 완비되어 있다면 큰 문제 없이 해결된다. 그러나 관련 지출서류도 없고 지출내역도 불분명하다면 세금탈세 혐의로 높은 세금을 내야 한다.

과거에는 관련 법규가 없어서 구두로 협의가 끝난 사항도 새로운 규정이 만들어지면 새로 세금이나 과태료를 내야하는 경우도 생긴다. 심할 경우 소급적용을 하려고 한다면 이 경우에는 문제를 해결하는데 많은 노력과 비용이 소요된다. 근로자의 퇴직이 수시로 이루어지기 때문에 자진 퇴직 시에도 밀린 월급이나 수당이 없는지에 대한 확실한 점검을 다시 한 번 해야 한다. 근로자가 회사에 불만이 있어서 퇴직한 경우라면 몇 달 뒤 임금체불기업으로 고발되었다고 그 임금을 지급하라는 통지서를 받는 경우도 가끔 있다.

그동안 월급과 수당을 모두 지급한 서류가 있다면 이 문제는 넘어가지만 관련증빙서류가 미비하면 말도 안 되는 돈을 다시 지불해야 하는 경우도 생긴다. 중국 정부는 외국기업 중 월급이나 수당을 제대로 지급하지 않았다는 고발이 들어오면 그 문제에서만큼은 융통성이 없다. 월급에 대한 근로자보호는 지방정부가 반드시 책임을 져야 하기 때문이다.

토지에 대한 문제들을 잘 처리하라

개혁개방 초창기에 중국 정부는 외국인 투자를 유치하기 위하여 매우 큰 혜택을 부여했다. 토지는 국가소유 개념을 유지하고 있기 때문에 중국에서는 토지사용 개념만 있다.

법적 미비상태에서의 임대계약기간도 각 성마다 지방마다 큰 폭으로 차등이 있다. 10년, 30년, 50년까지로 토지사용기간이 다르고 각 지역마다 편의대로 정해진 곳도 있다. 경제가 발전하고 모든 도시가 팽창하면서 과거에는 변두리였던 공장이 지금은 아파트가 밀집된 신도시로 변모한 곳도 많다. 아파트가 생기면서 공장의 소음, 먼지 등을 사유로 공장 이전에 대한 민원이 많아지게 되면 공장 이전에 대한 협의가 다시 시작된다. 이때 적절한 보상이 이루어지면 좋겠으나 실제로는 전혀 다르게 처리된다.

우선 보상가 기준이 현재 가격인지, 과거의 처음 임대가격인지, 아니면 물가상승률을 감안해 주는지에 대한 것을 처음부터 다시 협의해야 한다. 보상가격에 대해 협의가 이루어지지 않으면 지방정부는 이에 대한 제재수단이 매우 많으니 주의해야 한다. 협의가 끝날 때까지 그 공장이 대해 전력공급 중단, 수돗물 중단, 통행중단 등의 다른 이유를 대고 시행한다면 계속 보상가 문제를 주장하기 어렵다. 한 달만 물이나 전기가 중단되면 보상은커녕 공장을 폐쇄하고 아무런 보상도 받지 못하고 그냥 쫓겨날 수도 있다. 사용기간도 30년 계약되었다고 버티어도 땅 사용료가 그 사이에 10배가 올랐으니 계속 하고 싶으면 10배의 사용료를 내라고 주장한다면 처리하기가 참 어렵게 된다.

다른 지역으로 공장을 이전하겠다고 협의할 경우에도 많은 문제를 해결해야 한다. 그 지역이 지금과 비슷한 입지이면 좋으나 지금 줄 수 있는 땅이 가까운 곳에 없으니 미안하지만 도시의 먼 외각으로 가라고 한다면 그것도 어려운 결정을 해야 한다.

이런저런 토지에 대한 새로운 문제가 생길 때 제일 좋은 방법은 현실을 받아들이고 긍정적으로 검토하고 끈질기게 협상하는 것이 제일 좋다. 과거의 계약조건을 계속 고집하여도 지금은 상황이 바뀌었으니 어쩔 수 없다, 라고 말하면 문제가 해결되지 않는다. 그동안 이 지방에 기여를 했으니 지방정부도 그에 대해 적절한 방법을 찾아주라고 협조를 요청하면서 나아가는 게 좋은 방안이다. 서로 감정적으로 싸운다고 해결되는 문제는 아니기 때문에 대화를 통하여 최선의 방안을 찾는 수밖에 없다.

중국인과는 선의를 가지고 끈질기게 협상을 해야 길이 보인다.

진격의 중국, 견제하는 미국, 방황 속의 한국

차이나 리스크 리포트

초판 1쇄 2015년 11월 25일

지은이 김경종
펴낸이 전호림 **편집총괄** 고원상 **담당PD** 신수엽 **펴낸곳** 매경출판㈜
등 록 2003년 4월 24일(No. 2 - 3759)
주 소 우)04627 서울특별시 중구 퇴계로 190 (필동 1가) 매경미디어센터 9층
홈페이지 www.mkbook.co.kr
전 화 02)2000 - 2610(기획편집) 02)2000 - 2636(마케팅) 02)2000 - 2606(구입 문의)
팩 스 02)2000 - 2609 **이메일** publish@mk.co.kr
인쇄 · 제본 ㈜M - print 031)8071 - 0961

ISBN 979-11-5542-368-4(03340)
값 14,000원